PSICOLOGIA DAS RELAÇÕES INTERPESSOAIS

Dados Internacionais de Catalogação na Publicação (CIP)
(Câmara Brasileira do Livro, SP, Brasil)

Del Prette, Almir
  Psicologia das relações interpessoais : Vivências para o trabalho em grupo / Almir Del Prette, Zilda A.P. Del Prette. 11. ed. – Petrópolis, RJ : Vozes, 2014.

  Bibliografia.

  8ª reimpressão, 2023.

  ISBN 978-85-326-2596-0

  1. Habilidades sociais 2. Psicologia social 3. Relações interpessoais 4. Trabalho em grupo I. Del Prette, Zilda A.P. II. Título.

01.2861   CDD-158.2

Índices para catálogo sistemático:
1. Relações interpessoais : Psicologia aplicada   158.2

Almir Del Prette
Zilda A.P. Del Prette

PSICOLOGIA DAS RELAÇÕES INTERPESSOAIS

VIVÊNCIAS PARA O TRABALHO EM GRUPO

Petrópolis

© 2001, Editora Vozes Ltda.
Rua Frei Luís, 100
25689-900 Petrópolis, RJ
www.vozes.com.br
Brasil

Todos os direitos reservados. Nenhuma parte desta obra poderá ser reproduzida ou transmitida por qualquer forma e/ou quaisquer meios (eletrônico ou mecânico, incluindo fotocópia e gravação) ou arquivada em qualquer sistema ou banco de dados sem permissão escrita da editora.

CONSELHO EDITORIAL

Diretor
Volney J. Berkenbrock

Editores
Aline dos Santos Carneiro
Edrian Josué Pasini
Marilac Loraine Oleniki
Welder Lancieri Marchini

Conselheiros
Elói Dionísio Piva
Francisco Morás
Gilberto Gonçalves Garcia
Ludovico Garmus
Teobaldo Heidemann

Secretário executivo
Leonardo A.R.T. dos Santos

Editoração e org. literária: Orlando dos Reis
Capa: Aquarella Comunicação & Marketing

ISBN 978-85-326-2596-0

As indicações bibliográficas seguem as normas da American Psychological Association (APA).

Este livro foi composto e impresso pela Editora Vozes Ltda.

Dedicamos este livro a todos aqueles que contribuíram para que as relações entre as pessoas se tornassem cada vez mais humanas, em especial aos dois grandes mestres:

*Jesus Cristo e
Siddhartha Buda*

SUMÁRIO

PRÓLOGO, 11

1 – PARADIGMAS E RELAÇÕES INTERPESSOAIS: OS ENFOQUES LINEAR E SISTÊMICO, 15
1. Os novos paradigmas, 16
2. Abordagens psicológicas sobre as relações interpessoais, 19
   A explicação linear, 22
   A explicaçao sistêmica, 25

2 – DESENVOLVIMENTO DA COMPETÊNCIA SOCIAL E RELAÇÕES INTERPESSOAIS, 30
1. Critérios de competência social, 33
2. Desenvolvimento e socialização, 37
   A família e a escola, 41
   A influência da mídia na socialização, 44

3 – CONTEXTOS E DEMANDAS DE HABILIDADES SOCIAIS, 46
1. O contexto familiar, 48
   Relações conjugais, 49
   Relações pais-filhos, 51
2. O contexto escolar, 54
3. O contexto de trabalho, 56

4 – HABILIDADES SOCIAIS PARA UMA NOVA SOCIEDADE, 58
1. Aprendendo a aprender: a automonitoria, 61
2. Habilidades sociais de comunicação, 63
   Fazer e responder perguntas, 65
   Gratificar e elogiar, 66
   Pedir e dar feedback nas relações sociais, 68
   Iniciar, manter e encerrar conversação, 70

3. Habilidades sociais de civilidade, 72

4. Habilidades sociais assertivas de enfrentamento: direitos e cidadania, 73

Manifestar opinião, concordar, discordar, 76
Fazer, aceitar e recusar pedidos, 77
Desculpar-se e admitir falhas, 78
Estabelecer relacionamento afetivo/sexual, 79
Encerrar relacionamento, 80
Expressar raiva e pedir mudança de comportamento, 81
Interagir com autoridades, 83
Lidar com críticas, 84

5. Habilidades sociais empáticas, 86

6. Habilidades sociais de trabalho, 89

Coordenar grupo, 90
Falar em público, 91
Resolver problemas, tomar decisões e mediar conflitos, 93
Habilidades sociais educativas, 94

7. Habilidades sociais de expressão de sentimento positivo, 97

Fazer amizades, 98
Expressar a solidariedade, 100
Cultivar o amor, 101

5 – O USO DE VIVÊNCIAS EM PROGRAMAS DE TREINAMENTO DE HABILIDADES SOCIAIS, 103

1. O que é vivência?, 106
2. A estrutura das vivências, 108
3. A utilização das vivências, 110
4. O facilitador de grupo: questões técnicas e éticas, 114

6 – VIVÊNCIAS PARA A PROMOÇÃO DE HABILIDADES SOCIAIS, 116

1. O meu nome é..., 116

2. O nosso e o do outro, 117
3. Caminhar alterando ritmo e movimento, 119
4. Caminhos atravessados, 120
5. Círculos mágicos, 122
6. Conduzindo o outro, 125
7. Mundo imaginário, 127
8. Números poéticos, 130
9. A descoberta do corpo, 132
10. *Feedback:* como e quando, 134
11. Complemento indispensável, 137
12. O pêndulo, 139
13. Quebra-gelo, 140
14. Direitos humanos e interpessoais, 141
15. Reconhecendo e comunicando emoções, 145
16. Dar e receber, 147
17. Relâmpagos, 149
18. Perguntas sem respostas, 151
19. Olhos nos olhos, 154
20. Nem passivo nem agressivo: assertivo!, 156
21. História coletiva oral, 160
22. Contar e modificar história, 162
23. A tarefa de Atlas, 164
24. O mito de Sísifo, 166
25. Vivendo o papel do outro, 169
26. Inocente ou culpado?, 171
27. Peça o que quiser, 174
28. Corredor brasileiro, 176
29. Nasce uma árvore, 178
30. Recolhendo estrelas, 180

31. Formando um grupo, 182
32. Trabalhando em grupo, 184
33. Buscando saídas, 185
34. Misto-quente, 189
35. A fumaça e a justiça, 191
36. Entrada no céu, 194
37. Sua vez, outra vez, 196
38. Perdidos na ilha, 198
39. Regressão no tempo, 200
40. Avanço no tempo, 202

7 – A NECESSIDADE DE NOVAS RELAÇÕES INTERPESSOAIS, 205
1. Novos fatos e suas consequências, 210
2. Propostas para um novo padrão relacional, 212
   Interdependência, 217
   Aceitação, 219
   Solidariedade, 220
3. O desenvolvimento da sociabilidade e as novas relações interpessoais, 221

Referências, 223

PRÓLOGO

O interesse pelos temas pertinentes à qualidade das relações interpessoais parece refletir hoje uma preocupação geral com problemas a elas associados: a violência, o preconceito, a intolerância, o desrespeito etc. No entanto, o leitor interessado no assunto deste livro, ao procurar obras similares nas livrarias, praticamente nada encontrará, a não ser que se dirija ao setor de importados onde, então, principalmente na seção de Psicologia, irá se deparar com vasta literatura. A predominância da literatura estrangeira não significa que, entre nós, os problemas interpessoais não alcancem a amplitude verificada nos demais países e por isso não atraiam a atenção dos pesquisadores. A constatação de que o investimento em pesquisa no país é ainda pequeno não esclarece muito. Supor que o público em geral tem pouco interesse ou busca se proteger através da indiferença pode também não corresponder à realidade, considerando o teor das matérias dos jornais, revistas e da mídia em geral que, insistentemente, veiculam esse assunto.

Em nosso campo, a Psicologia, observamos na última década a presença constante dessa temática e correlatas nos principais congressos no país. Os artigos sobre habilidades sociais, desenvolvimento de relações interpessoais, assertividade e inteligência social vêm marcando presença frequente nas páginas de nossas revistas científicas. Em nossa universidade, a equipe que trabalha com Treinamento em Habilidades Sociais não consegue dar conta da demanda por palestras, cursos e solicitações de programas nessa área. Isso reforça a ideia de que há, de fato, um interesse crescente pela temática abordada neste livro.

Nos contatos com pessoas que participam de nossos cursos e com leitores de nosso livro *Psicologia das habilidades sociais: terapia e educação,* fomos incentivados a preparar este novo trabalho, voltado para uma exposição mais detalhada de nossa prática e, em particular, do método vivencial que desenvolvemos. Pedem-nos, inclusive, a apresentação de um programa-padrão para desenvolvimento de habilidades sociais. Relutamos bastante porque, sem entrar em maiores detalhes, temos feito uma avaliação muito negativa das publicações apressadas que buscam mercado colando-se às teorias e aos temas em ascensão. Nossa resistência foi minada pelos argumentos dos colegas, de que o leitor faz o seu próprio julgamento, valorizando os trabalhos que se apoiam em pesquisas e publicações que dão suporte à prática. Outro argumento foi que nosso método vivencial já foi testado inúmeras vezes e que deveríamos agora dá-lo a conhecer ao público em geral.

Cedemos a esses arrazoados e preparamos com bastante cuidado este novo livro, escrito a quatro mãos. Mesmo quando um de nós iniciava um capítulo, o outro fazia a revisão e o completava. Ao final, fizemos revisões conjuntas com a esperança de atender à expectativa e confiança dos leitores. Não obstante definirmos esta obra na perspectiva do desenvolvimento das relações interpessoais, muitas das ideias aqui enfatizadas não aparecem em outros textos nossos e queremos mencionar a importância de vários pensadores para a consolidação das ideias aqui expostas: Edgard Morin, Humberto Maturana, Peter Trower, Michael Argyle, Fritjof Capra. Considerando a importância de se explorar novos substratos de análise das relações entre as pessoas, realizamos uma tentativa inicial de aplicação da visão sistêmica na compreensão dessa temática. Estamos conscientes de que essa análise ainda não está completa e permanecemos abertos às críticas dos leitores buscando o aperfeiçoamento das ideias aqui registradas.

Este livro pode ser dividido em duas partes. A primeira compõe-se dos quatro capítulos iniciais. No primeiro, discutimos as mudanças paradigmáticas nas ciências em geral e, em particular, na Psicologia, situando os modos de pensar as relações interpessoais nos enfoques linear e sistêmico. Nos capítulos seguintes, apresentamos as noções de desenvolvimento das relações interpessoais, os conceitos fundamentais da área, a análise de diferentes contextos com as suas demandas de desempenhos interpessoais e um sistema de organização das habilidades sociais, em termos de requisitos e complexidade com a descrição de cada uma delas.

Na segunda parte, composta pelos três capítulos finais, trazemos ao leitor as bases do método vivencial e uma estrutura analítica para a organização das vivências em um programa de intervenção voltado para a promoção das habilidades apresentadas na seção anterior. Incluímos também a descrição de quarenta vivências a serem utilizadas em programas de Treinamento de Habilidades Sociais. No capítulo de encerramento, analisamos os problemas humanos em um mundo globalizado, enfocando principalmente a questão das relações interpessoais.

Muitas pessoas contribuíram, direta ou indiretamente, para a realização deste livro. Gostaríamos de agradecer: aos colegas, aos alunos que passaram pela disciplina "Psicologia das Habilidades Sociais" e enfrentaram conosco o desafio de aprender e promover novas formas de relacionamento. Agradecemos particularmente às pessoas, que utilizaram seus momentos de descanso lendo e dando sugestões que permitiram o aperfeiçoamento deste trabalho: Alcione Vital, Giovana Del Prette, José Fernando da Costa Vital, Lucas Del Prette, Maria Eny R. Paiva, Mirella Lopez Martínez, Roseli C. Cavalcanti e Tânia Maria De Rose.

1
PARADIGMAS E RELAÇÕES INTERPESSOAIS: OS ENFOQUES LINEAR E SISTÊMICO

> *Os tempos em que vivemos, meu caro, não permitem que se lhes faça trapaça com a Psicologia.*
>
> Thomas Mann

Por que as pessoas se comportam da maneira como o fazem? Essa pergunta é recorrente nos cursos de Psicologia, mas não são os estudantes os únicos interessados em respondê-la. As mais diferentes respostas vêm sendo dadas a essa questão ao longo do tempo. Podemos supor duas vertentes gerais de explicação para o comportamento das pessoas, ambas orientadas pelos paradigmas científico-culturais em vigor. A primeira vem sendo denominada de explicação *linear* e está associada ao paradigma newtoniano-cartesiano, também chamado clássico. A segunda, com base no paradigma holístico, foi batizada de *sistêmica*, ou ainda de *complexidade*[1].

Segue-se um breve resumo dos dois paradigmas juntamente com explicações que orientam a análise de questões pertinentes à compreensão das demandas e desempenhos interpessoais, foco de interesse deste livro.

---

1. Sobre esse tema existem várias referências na língua portuguesa. Entre outros, ver: Capra, F. (1982). *O ponto de mutação*. São Paulo: Cultrix; Di Biasi, F. (1995). *O homem holístico*. Petrópolis: Vozes; Mariotti, H. (2000). *As paixões do ego: complexidade, política e solidariedade*. São Paulo: Palas Athena; Maturana, H. (1998). *Da biologia à psicologia*. Porto Alegre: Artes Médicas.

1. Os novos paradigmas

Kuhn[2], em seu livro *A estrutura das revoluções científicas*, analisou de forma bastante detalhada as transformações que estavam ocorrendo na esfera da ciência e seus paradigmas. Outros autores também contribuíram com essa análise e, cerca de trinta anos depois, fala-se hoje abertamente, sem nenhum temor, o que alguns diziam timidamente em um passado não muito distante: compartimentalização do saber, modelos reducionistas, visões pós-positivistas da ciência, holismo etc.

Como em outras ciências, também na Psicologia o debate sobre paradigmas, epistemologia, objeto, metodologia etc. ganha amplo espaço nos dias atuais. A Psicologia pode ser entendida como uma ciência em estágio multiparadigmático[3] que, até o momento, não superou essa característica, produzindo conhecimento multiforme com várias matrizes filosóficas e teóricas de difícil integração.

Há, no entanto, um espírito novo, uma nova maneira de enfrentar questões atuais e antigas a respeito da epistemologia, do valor heurístico da maioria das investigações e da cientificidade da Psicologia. Pode-se falar em uma atitude mais aberta para considerar posições divergentes e, portanto, mais favorável à discussão entre pesquisadores com diferentes formações. A perplexidade que tomou conta das ciências naturais com relação aos paradigmas e aos debates que nela ocorreram possivelmente se converteu em um sopro vivificador, inspirando os teóricos e pesquisadores da Psicologia.

---

2. Kuhn, T.S. (1978). *A estrutura das revoluções científicas*. São Paulo: Perspectiva.

3. A questão é controversa, já que, tomando por modelo as outras ciências, alguns autores situam a Psicologia, conforme perspectiva kuhniana, em um estágio pré-paradigmático e outros em estágio multiparadigmático. Nossa posição está mais detalhada em: Del Prette, Z.A.P. e Del Prette, A. (1995). Notas sobre pensamento e linguagem em Skinner e Vygotsky. *Psicologia: Reflexão e Crítica, 8,* 147-164. Ver, também: Masterman, M. (1979). A natureza de um paradigma. Em: L. Lakatos e A. Musgrave (Orgs.), *A crítica e o desenvolvimento do conhecimento*. São Paulo: Cultrix-Edusp.

É no âmbito da Psicologia Social que o enfrentamento desse debate ganhou mais força, em parte devido à sua sobreposição e caracterização nas várias "psicologias" e, em parte, porque os psicólogos sociais vêm, há cerca de quatro décadas[4], discutindo as crises na disciplina: de identidade, de prática profissional, de busca de articulação entre microteorias e outros temas correlatos.

No final da década de 1980, após várias discussões em diferentes simpósios, foi realizado na Europa um evento dirigido para a temática dos paradigmas, contando com a participação da maioria dos autores que já vinham discutindo as questões referidas[5]. Naquele evento, além de outras conclusões, observou-se que na Psicologia Social coexistem duas compreensões generalizadas da disciplina. Uma defende a Psicologia Social como uma ciência natural, supondo que o comportamento seja regulado por mecanismos causais internos a serem explicitados através de rigorosa investigação empírica com orientação metodológica hipotético-dedutiva. A outra dá ênfase à indução e rejeita a causação interna como variável independente, mas aceita a investigação empírica rigorosa, incluindo aí a experimentação, ainda que não somente. Alguns autores, conforme Jesuíno[6], propuseram uma síntese entre essas duas formas de entender a Psicologia Social. Essa terceira posição, como era de se esperar, carrega ainda certa ambigüidade, não sendo possível pelo momento a emergência de uma síntese acabada dessas duas visões predominantes.

Pesquisadores de outros campos da Psicologia também se vêem às voltas com esses problemas. Na Psicologia do Desenvolvimento, há algum tempo se tem feito críticas à forma

---

4. Ver: Duck, S. (1980). Taking the past to heart: One of the futures of Social Psychology? Em: R. Gilmour e S. Duck (Eds.), *The development of Social Psychology*. London: Academic Press.

5. Dos nomes mais conhecidos na Psicologia Social no Brasil, podemos citar Stroebe, Zajonc, Nuttin, Doise, Moscovici, Harré, Gergen, Semin, Lemaine e Kruglanski.

6. Jesuíno, J.C. (1995). A Psicologia Social europeia. Em: J. Vala e M.B. Monteiro (orgs.), *Psicologia Social*. Lisboa: Fundação Calouste Gulbenkian.

tradicional de investigação positivista do desenvolvimento humano[7]. Altman e Rogoff[8] fazem uma análise da evolução dos modelos ao longo da história da Psicologia dando destaque a quatro visões de homem que influenciaram os pressupostos epistemológicos e metodologias de pesquisa na ciência psicológica: a de traço, a interacionista, a organísmico-sistêmica e a transacional.

As duas primeiras são influenciadas pela visão positivista. A de traço enfatiza a causalidade interna dos fenômenos psicológicos e a interacionista desloca a causação para os estímulos do ambiente. Ambas têm, como suporte básico, pelo menos na sua constituição, o experimentalismo de laboratório para o estudo de seu objeto. Na perspectiva sistêmica, o modelo causal deixa de ser linear (tipo função) e passa a ser visto em suas retroalimentações circulares onde a ideia de "causa" e "efeito" é substituída pela noção de reciprocidade de influência. Essa orientação é holística sendo possível, no entanto, focalizar partes do sistema ou subsistemas, mantendo-se a ideia de uma certa clivagem observador-observado. A perspectiva transacional é entendida por Altman e Rogoff como o estudo das relações em mudança entre aspectos psicológicos e ambientais, partindo da premissa de que estes são inseparáveis, incluindo-se o pesquisador como parte do sistema a ser estudado. Nessas duas últimas vertentes, a contextualização dos dados e a busca de compreensão são condições importantes do fazer pesquisa e a diferença principal entre ambas reside na ênfase da última sobre a continuidade temporal, a historicidade e a transitoriedade dos fenômenos e na implicação do observador sobre o conhecimento produzido.

---

7. Ver, por exemplo: Branco, A. e Ferraz da Rocha, R. (1998). A questão da metodologia na investigação do desenvolvimento humano. *Psicologia: Teoria e Pesquisa, 14 (3)*, 251-258; Bronfenbrenner, V. (1977). Toward an experimental ecology of human development. *American Psychologist, 32*, 513-531.

8. Altman, I. e Rogoff, B. (1987). World view in Psychology: Trait, interactional, organismic and transactional perspectives. Em: D. Stokols e I. Altman (Eds.), *Handbook of enviromental psychology*. New York: Wiley.

Embora simplificada, acreditamos que essa exposição seja suficiente para mostrar um panorama geral do que ocorre no âmbito da Psicologia neste início do século XXI. Ao leitor entusiasmado com as possibilidades dos novos paradigmas na Psicologia, recomendamos cautela e reflexão sobre as "psicologias" enfeitadas com rótulo de holismos, de nova visão etc., pois que, frequentemente, muitos desses trabalhos refletem apenas um discurso dissociado de qualquer investigação empírica sobre o objeto a que se referem. A fala de Soczka[9], ele próprio defensor de nova orientação (denominada de ecológica) para a Psicologia Social, justifica bem esse alerta:

> O conhecimento – e reconhecimento – de que a realidade social é uma totalidade serve muitas vezes de justificação para substituir a investigação científica do social pelo simples discurso interpretativo e vago acerca dessa mesma realidade.

Além disso, a adoção de novos paradigmas e metodologias não significa o descarte dos conhecimentos produzidos por investigações orientadas sob outras visões, mesmo aqueles que não alcançaram aceitação ou que aguardam a chegada de novos tempos para serem revisitados. Não se pode negar a cumulacidade do conhecimento historicamente construído em várias áreas da investigação psicológica, ainda que seja difícil a generalidade nas ciências humanas.

2. Abordagens psicológicas sobre as relações interpessoais

O interesse da Psicologia pelas relações interpessoais é, pode-se dizer, tão antigo quanto a própria formação dessa disciplina. Na Psicologia Clínica, há uma longa tradição de estudos sobre essa temática nos mais diferentes referenciais, como o comportamental, o cognitivista, as orientações psicodinâmicas, as denominadas humanistas com base em Rogers

---

9. Soczka, L. (1995). Para uma perspectiva ecológica em Psicologia Social. Em: J. Vala e M.B. Monteiro (Orgs.), *Psicologia Social*. Lisboa: Fundação Calouste Gulbenkian.

e Maslow[10] e, mais recentemente ainda, a transpessoal. Também as novas abordagens terapêuticas de inspiração holística (a biossíntese, a búdica e a holotrópica)[11] empenham-se na produção de novas relações entre as pessoas, na vida familiar e na sociedade. Grande parte dessas orientações toma as dificuldades interpessoais, como depressões, neuroses existenciais ou desordens do pensamento, como decorrentes de fatores intraindividuais.

Tendo os problemas interpessoais como eixo central (sem desconsiderar outros processos como a ansiedade, a percepção e a cognição), a história registra dois grandes movimentos na Psicologia, não restritos exclusivamente à prática terapêutica: o Treinamento Assertivo (TA), que ganhou destaque nos Estados Unidos, e o Treinamento de Habilidades Sociais (THS)[12], que se iniciou na Inglaterra sendo considerado hoje mais abrangente do que o primeiro.

---

10. Maslow, A. (1962). *Toward a psychology of being*. Princeton, Nova Jersey: Van Nostrand; Rogers, C.R., e Rosenberg, R.L. (1977). *A pessoa como centro*. São Paulo: EPU/EDUSP.

11. Ver, entre outros: Bateson, G. (1985). *Pasos hacia una ecología de la mente*. Buenos Aires: Carlos Loblé; Grof, S. (1984). *Psychologie transpersonnelle*. Mônaco: Rocher; Grof, C. e Grof, S. (1990). *A tempestuosa busca do ser*. São Paulo: Cultrix; Laing, R. (1987). *O eu dividido*. Petrópolis: Vozes; Walsh, R. e Vaughan, F. (Orgs.), *Além do ego: Dimensões transpessoais em Psicologia*. São Paulo: Cultrix/Pensamento; Wilber, K. (1989). *O espectro da consciência*. São Paulo: Cultrix.

12. O método terapêutico denominado de Treinamento Assertivo foi elaborado por dois terapeutas sul-africanos, radicalizados nos Estados Unidos: Wolpe e Lazarus. Ver: Wolpe, J.S. (1976). *A prática da terapia comportamental*. São Paulo: Brasiliense; Lazarus, A. (1977). *Psicoterapia personalista: Uma visão além do condicionamento*. Belo Horizonte: Interlivros. O treinamento assertivo foi popularizado pelo livro *Your perfect right,* de Robert E. Alberti e Michael L. Emmons, que havia alcançado, em 1989, a 20ª edição e vendido 800 mil exemplares. O método terapêutico Treinamento de Habilidades Sociais teve sua origem com um projeto sobre habilidades sociais coordenado por Michael Argyle, durante quinze anos, na Universidade de Oxford, na Inglaterra. As obras pioneiras com tradução para a maioria dos países europeus e Estados Unidos foram: Argyle, M. (1967). *The Psychology of interpersonal behaviour*. London: Penguin e Argyle, M. e Trower, P. (1979). *Person to person: Ways of communicating*. London: Multimedia Publications. Para melhor detalhamento da constituição e história dessas áreas, o leitor poderá recorrer ao nosso artigo: Del Prette, Z.A.P. e Del Prette, A. (2000). Treinamento em habilidades sociais: Panorama geral da área. Em V.G. Haase, R. Rothe-Neves, C. Käppler, M.L.M. Teodoro e G.M.O. Wood (Eds.), *Psicologia do Desenvolvimento: Contribuições interdisciplinares* (p. 249-264). Belo Horizonte: Health.

Atualmente, esses dois movimentos alcançaram novas dimensões em função das avaliações positivas dos resultados obtidos em suas aplicações, clínicas ou não, e também pelo conjunto de novas investigações e teorias que, além de trazerem subsídios a esses campos, confirmam algumas de suas hipóteses. Até há pouco tempo, a maioria dos profissionais que trabalhavam com o THS e o TA pouco teorizavam sobre essas áreas, considerando-as apenas como métodos de aplicação voltados para a solução de problemas interpessoais ligados à timidez, à fobia social, à depressão e à esquizofrenia[13]. Atualmente, no entanto, observa-se um esforço mais generalizado de construção teórica, buscando-se articular essa área aos achados de pesquisa de outras como, por exemplo, os estudos da Psicologia do Desenvolvimento, especialmente aqueles voltados para o comportamento social, a linguagem e a resiliência[14].

Duas novas áreas de investigação científica também se voltam para as relações interpessoais: a teoria das inteligências múltiplas e a teoria da inteligência emocional. A primeira, ao propor a existência de várias inteligências, apresenta duas que se relacionam mais diretamente com o campo teórico-prático do THS: a inteligência interpessoal e a inteligência intrapessoal[15]. A segunda, popularizada pelo livro de Da-

---

13. Ver: Trower, P. (1995). Adult social skills: State of the art and future directions. Em: W. O'Donohue e L. Krasner (Eds.), *Handbook of psychological skills training: Clinical techniques and applications* (p. 54-80). New York: Allyn and Bacon.

14. Resiliência é um termo que tem sido utilizado em oposição a vulnerabilidade. Trata-se de uma reação adaptativa a fatores de risco no sentido de superar as adversidades encontradas, tanto do ponto de vista biológico como psicológico. Sobre resiliência, habilidades sociais e competência social ver: Marques, A.L. (1999). *Competência social, empatia e representação mental da relação de apego em famílias em situação de risco*. Dissertação de Mestrado. Curso de Pós-Graduação em Psicologia do Desenvolvimento. Universidade Federal do Rio Grande do Sul.

15. Os conceitos de inteligência intrapessoal e interpessoal são importantes na Teoria das Inteligências Múltiplas, de H. Gardner, e podem ser entendidos como capacidades correlatas. O primeiro diz respeito à forma como o indivíduo organiza sua imagem e administra seu pensamento; o segundo refere-se à capacidade da pessoa estabelecer relações com o outro. Ver: Gardner, H. (1995). *Inteligências Múltiplas*. Porto Alegre: Artes Médicas. Para uma análise da relação existente entre esses conceitos e o Treinamento de Habilidades Sociais, em seus aspectos teóricos, ver: Del Prette, A. e Del Prette, Z.A.P. (1999), Teoria das Inteligências Múltiplas e Treinamento de Habilidades Sociais. *Revista DOXA: Estudos de Psicologia e Educação*, 5(1)51-64.

niel Goleman[16], onde o autor resenha os vários conceitos e teorias nessa temática e resume as principais investigações sobre o desenvolvimento emocional, também contribuiu para aumentar o interesse e a compreensão sobre as relações interpessoais, principalmente por colocar em destaque as questões inerentes ao sentimento e à emoção em suas ligações com a cognição e o comportamento.

As teorias e conceitos do campo teórico-prático das habilidades sociais e das relações interpessoais possuem uma história de conhecimento produzida sob a perspectiva linear, raramente encontrando-se propostas de investigação ou de intervenção em uma visão sistêmica. A seguir, apresentaremos ao leitor essas duas perspectivas, explorando possibilidades identificadas em ambas e defendendo uma perspectiva sistêmica para a epistemologia e a heurística na área do THS.

A explicação linear

Em uma perspectiva linear, todos nós somos tentados a explicar nossa maneira de agir considerando as possíveis relações "causa-efeito" com base na contiguidade da ação com eventos antecedentes e/ou consequentes. Além disso, levamos em conta os eventos internos, os quais têm sido nomeados de vontade, desejo, consciência etc. A todo momento, damos e recebemos explicações do tipo: *Fiz isso porque ele me provocou*; *Sempre tive vontade de responder-lhe assim*; *Agi de acordo com a minha consciência*.

Em que pese a variabilidade dos termos utilizados, concordamos que a nossa maneira de ser e agir é afetada por variáveis do ambiente (características físicas, sociais e/ou culturais de uma dada situação) e, também, por variáveis intraindividuais (crenças, percepções, sentimentos). Quando, diante de uma mesma situação, observamos duas pessoas apresentarem respostas bastante diferenciadas, tendemos a fazer alguns acréscimos em nossas explicações, como, por exemplo: *Ao ser ofendido, Mário reagiu à altura porque é corajoso e*

---

16. Goleman, D. (1995). *Inteligência emocional.* Rio de Janeiro: Objetiva.

Pedro calou-se, foi pusilânime. Entre os profissionais da área da Psicologia, as explicações incluem um vocabulário mais elaborado sobre conceitos, fatores e processos psicológicos do tipo: *um melhor treino de tolerância à frustração, estado de excitação difusa, dessensibilização diante de estimulação ameaçadora, fortalecimento do ego.* Independentemente do discurso, se leigo ou especializado, as explicações oscilam entre os determinantes endógenos e os exógenos.

Uma síntese entre essas explicações vem sendo tentada há muitas décadas. Entre as muitas tentativas, merece atenção, na Psicologia Clínica, a proposta de Ellis, cuja formação psicanalítica o levou a desenvolver uma abordagem terapêutica por ele denominada de Terapia Racional-Emotiva. Durante algum tempo, dedicando-se a auxiliar pessoas que precisavam de ajuda e a contribuir na formação de novos profissionais, Ellis foi colecionando informações relevantes que o levaram a considerar também a importância das variáveis ambientais sobre o comportamento, tanto na base dos problemas como na manutenção das melhoras obtidas pelos seus clientes. Essa mudança de posição impôs a necessidade de alterar a designação de seu método para Terapia Racional Emotivo-Comportamental[17].

Não obstante a possibilidade de integrar alguns níveis de análise e com isso superar reduções por demais restritivas sobre o objeto em estudo, essas sínteses não correspondem a um olhar holístico, permanecendo ainda em um paradigma newtoniano. Nessa perspectiva, a Psicologia herda conceitos e valores correspondentes aos das ciências exatas, tais como regularidade, uniformidade, previsibilidade e controle. A racional lógica é a de que, se o universo possui uma estrutura material formada por átomos que se movimentam dentro de leis fixadas nas dimensões espaçotempo, todos os processos vivos, de alguma maneira, também assim podem ser definidos e enquadrados possuindo, portanto, leis gerais de funcionamento. Caberia então às ciências que estudam essas reali-

---

17. Ellis, A. (1993). Changing Rational-Emotive Therapy (RET) to Rational Emotive Behavior Therapy (REBT). *Behavioral Therapist*, 16(10), 257-258.

dades objetivas descobrir tais leis, propondo enunciados de regularidade e uniformidade que permitiriam fazer previsões mecânicas e probabilísticas sobre o comportamento dos organismos. Logo, quanto mais decomposto e aprofundado o conhecimento das partes, tanto maior seria o nosso conhecimento sobre o todo.

Como essa forma de pensar produziu um avanço extraordinário ao ser aplicada à mecânica, resultando na revolução industrial, a suposição foi que o mesmo deveria ou poderia acontecer quando empregada aos seres vivos. Foi na esteira dessa premissa que o interesse científico pela compreensão do funcionamento humano dividiu, com o propósito de posteriormente integrar, algumas disciplinas que se ocupavam do assunto e também criou outras. Das veteranas Filosofia, Biologia, Psicologia, Psicanálise e Sociologia, a compartimentalização do saber se estendeu à Etologia, Psicobiologia, Sociobiologia, Neuropsicologia, não existindo sinais de que esse processo de fragmentação se interrompa a curto ou médio prazo. Não há dúvida de que essas ciências trouxeram informações relevantes sobre o funcionamento dos organismos em geral e do homem em particular. Essas informações dinamizaram as ciências aparentadas, projetando a Psicologia e a Psiquiatria como disciplinas aplicadas. Uma e outra descartaram algumas de suas posições anacrônicas e assimilaram o discurso científico em moda, produzindo diferentes conhecimentos e práticas, com pouco diálogo entre si.

Esse processo criou a especialização e a subespecialização, isolando os pesquisadores. A multidisciplinaridade (várias disciplinas estudando o mesmo objeto) passou, então, a ser empregada na produção do conhecimento. Daí progrediu-se para a interdisciplinaridade, buscando-se também o diálogo entre pesquisadores com diferentes formações. Alcançamos agora, pelo menos em termos de proposta, a transdisciplinaridade, que preconiza a abolição das fronteiras entre as disciplinas e a cooperação entre os pesquisadores. Nesse processo, não deveria haver disciplinas (ciências) menores ou com *status* mais elevados. Assim considerando, o conhecimento transitaria de uma disciplina a outra, sendo aprimorado e resultando no enriquecimento das disciplinas em si mesmas até que elas próprias fossem abolidas.

Isso é tudo? Embora haja um desencanto generalizado com a ciência, uma frustração com as promessas não realizadas do marxismo e uma grande desconfiança com os presságios de bem-aventurança da globalização, muito se obteve até o presente momento. Poder-se-ia acrescentar, entretanto, que todas as realizações obtidas através da visão linear não foram capazes de solucionar os problemas atuais, justificando outras alternativas que vêm sendo construídas ao longo do tempo.

A explicação sistêmica

Um sistema pode ser entendido como uma combinação ordenada de partes que interagem para produzir um resultado. A visão sistêmica constitui uma tentativa de compreender a influência recíproca entre as partes de um sistema (seus subsistemas) e entre sistemas e seu entorno. Todo subsistema possui relativa autonomia, mas é, ao mesmo tempo, componente de sistemas mais amplos. A decomposição de um sistema em subsistemas (ou a recomposição destes em sistemas mais amplos) depende da perspectiva de investigação do observador.

Se, na visão linear, o esforço pela superação da dicotomia e do reducionismo, através da integração de diferentes análises e da contextualização do objeto nas investigações, não significa uma mudança paradigmática, também na perspectiva sistêmica a decomposição do sistema em subsistemas não constitui uma contradição às suas premissas. Além disso, a possibilidade de decomposição não implica em sua substituição pela abordagem linear nem em uma identificação com ela. Em outras palavras, a visão sistêmica não se propõe como alternativa irreconciliável a outras formas de compreensão do mundo. A relação entre esses modelos, como a entendemos, não se assenta na dicotomia do *isto ou aquilo,* porém na posição conciliável do *isto e também aquilo.*

Ao falarmos das limitações do experimentalismo de laboratório em Psicologia Social, não antecipamos nenhuma novidade. Apenas repetimos o que outros[18] apontaram, embora façamos coro com o sentimento de insatisfação. A hipersimplificação do ambiente do laboratório, a incerteza dos sujeitos quanto à possibilidade de interpretação correta dos padrões normativos de desempenho, a relação atemporal entre os sujeitos e entre estes e o pesquisador configuraram uma artificialidade tal que contribuiu para muitas das objeções recorrentes, familiares aos estudiosos da área. Alguns pesquisadores construíram, criativamente, no laboratório, ambientes análogos às situações da sociedade. Essas investigações trouxeram um impacto formidável, ganhando densidade de denúncia e, desse modo, contribuíram para uma reflexão sobre várias instituições: a cultura que desenvolvem, os valores sobre os quais se organizam, os papéis que esses valores exercem, os seus efeitos positivos ou negativos etc.

Estendendo a reflexão para a temática das relações interpessoais em uma perspectiva sistêmica, a decomposição do desempenho social em diversos níveis de habilidades (molares ou amplas e moleculares ou restritas), supondo-as sempre em um contínuo e não em uma relação dicotômica, faz sentido se, e apenas se entendermos o desempenho como conjunto de subsistemas do indivíduo integrados ao seu ambiente. O ambiente não se refere apenas a situações específicas, mas também a contextos como família, escola, sociedade, cultura.

Qualquer programa visando o desenvolvimento de habilidades sociais, de caráter remediativo ou preventivo deve, nesta perspectiva, possibilitar ao participante uma compreensão de suas dificuldades interpessoais para além do pensamento linear, ou seja, para além da causação imediata dos fatores intraindividuais ou localizados nas variáveis da situa-

---

18. Ver: Gergen, R.J. (1973). Social Psychology as history. *Journal of Personality and Social Psychology*, 26, 309-330; Harré, R. (1980). Making Social Psychology scientific. Em G. Gilmour e S. Duck (Eds.), *The development of Social Psychology*. London: Academic Press.

ção. Pessoas-chave em sua vida seriam então "reconstruídas" no ambiente terapêutico a partir de sua percepção que, nessa nova perspectiva, tende a se refinar. A entrada simbólica desses significantes no programa obedece aos princípios definidos em nosso trabalho anterior[19], de respeito aos direitos humanos e de equilíbrio nas relações de poder.

O risco do pensamento linear, aplicado ao contexto terapêutico, é o de tomar o outro como responsável pelas dificuldades do cliente que apresenta a queixa e, daí, supor que cabe ao processo desenvolver habilidades deste para lidar com aquele. Simplificando, tende-se a cair no pressuposto vencer/derrotar, inerente à sociedade capitalista. Uma visão sistêmica implicaria em considerar ambos como necessitados de ajuda e a relação como um processo de vários componentes. O pensamento subjacente que orienta essa visão é o de colocar o outro, de quem o cliente se queixa, sejam pais, mães, filhos, ou qualquer outro significante, como participantes ativos da relação, tanto em pensamento (crenças) como em sentimentos e comportamentos.

Focalizar o processo terapêutico em apenas um dos polos, desconsiderando a relação existente entre subsistemas, leva ao risco de ceder à armadilha da lógica da organização social capitalista, que é a de preparar um para vencer o outro (ser mais competente). Nessa forma de olhar o problema, parece não existir lugar para respeito e compaixão. Não há, nesta linha de pensamento, a possibilidade da terapia desenvolver habilidades no cliente para que este auxilie o outro a ser feliz sem usar o poder coercitivo e de prover, a ambos, recursos para encontros saudáveis, preenchidos por relações igualitárias, fraternas e amistosas. É, no entanto, o que poderia ocorrer em uma perspectiva sistêmica, uma vez que ambos, cliente e seu entorno (incluindo mãe, pai ou outra pessoa envolvida), seriam considerados integrantes de um sistema mais amplo, reconhecendo-se que alterações positivas

---

19. Del Prette, Z.A.P. e Del Prette, A. (1999). *Psicologia das Habilidades Sociais: terapia e educação.* Petrópolis: Vozes.

em um subsistema são geradoras de *feedback* para o próprio e produzem também mudanças em outros subsistemas.

Um sistema é representado por vários componentes ou subsistemas interligados e interdependentes, em uma dinâmica própria, dirigida a manter a sua organização. Tomemos, por exemplo, os chamados fatores intraindividuais, cognição e emoção. Ambos se afetam e afetam a maneira com que a pessoa reage aos estímulos do ambiente (que pode ser o comportamento de outro indivíduo), caracterizando-se como subsistemas. Para entender uma parte, por exemplo, a emoção, é preciso raciocinar de forma ampla e, ainda, incluir outros subsistemas, por exemplo, a família. A forma como cada sistema se organiza é definidora de suas características e mudanças nas partes que podem não atingir a totalidade, a menos que ocorram nos chamados pontos de alavancagem[20], difíceis de serem completamente definidos *a priori*, considerando-se as especificidades de cada sistema. No máximo, pode-se identificar possibilidades, mas sempre com uma boa dose de incerteza. A tríade pensamento-sentimento-ação pode ser considerada como subsistemas do sistema humano. Qualquer processo terapêutico ou educacional precisa levar em conta a articulação entre esses subsistemas e a possibilidade de identificar pontos de alavancagem em pelo menos um deles.

Os sistemas humanos são determinados pela forma como seus componentes se relacionam entre si e isto lhe confere a estrutura. Pode-se dizer, nessa perspectiva, que as estruturas sempre se diferenciam, porque seus componentes possuem uma dinâmica própria (forma de relação, normas e regras). Por isso uma determinada realidade pode ser percebida de maneira diferente em diferentes momentos e por diferentes pessoas. Isso implica reconhecer que a realidade pode ser objetiva, mas a percepção dela é sempre subjetiva. O exercício

---

20. Pontos de alavancagem são os elos mais frágeis, porém importantes de um sistema que, ao serem mobilizados, podem produzir mudanças na totalidade. Ver, por exemplo: Mariotti, H. (2000). *As paixões do ego: complexidade, política e solidariedade*. São Paulo: Palas Athena (p. 86).

de perceber-se e perceber o outro pode ser aperfeiçoado pelo *feedback* que os sistemas provêm; entretanto, cada indivíduo sempre manterá a sua própria percepção da realidade. O poeta árabe Kalil Gibran[21] fala sobre isso com rara beleza. O trecho que segue é bem ilustrativo:

> O astrônomo poderá falar-vos de sua compreensão do espaço,
> mas não vos poderá dar sua compreensão.
> Porque a visão de um homem não empresta suas asas a outro homem.

Esse panorama geral de raciocínio serviu de base para a análise e síntese (decomposição e composição) das habilidades sociais, a identificação de demandas e contextos e a formulação da proposta do método vivencial como instrumento de integração dos subsistemas emoção, sentimento e comportamento, em um programa de habilidades sociais sob a perspectiva sistêmica.

---

21. Gibran, K.G. (1972). *O profeta*. Rio de Janeiro: Expansão Editorial.

2
DESENVOLVIMENTO DA COMPETÊNCIA SOCIAL E RELAÇÕES INTERPESSOAIS

> *O essencial é saber ver,*
> *Saber ver sem estar a pensar,*
> *Saber ver quando se vê*
> *E nem pensar quando se vê*
> *Nem ver quando se pensa*
> *Mas isso (triste de nós, que trazemos a alma vestida)*
> *Isso exige um estudo profundo,*
> *Uma aprendizagem de desaprender.*
>
> Fernando Pessoa

O Treinamento em Habilidades Sociais (THS), expressão recorrente ao longo desse livro, abrange uma área originalmente associada à Psicologia Clínica e do Trabalho, mas que se estende, atualmente, à Psicologia Social, Educacional, do Desenvolvimento, Evolutiva etc. Inicialmente concebido como um método terapêutico[1], o estatuto atual do THS permite considerá-lo também como uma área de investigação tanto empírica quanto teórica.

As pesquisas no campo do THS têm mostrado que as pessoas socialmente competentes tendem a apresentar relações pessoais e profissionais mais produtivas, satisfatórias e duradouras, além de melhor saúde física e mental e bom funcionamento psicológico. Por outro lado, os déficits em habilidades sociais estão geralmente associados a dificuldades e con-

---
1. Ver: Del Prette, Z.A.P. e Del Prette, A. (2000). Treinamento em habilidades sociais: Panorama geral da área. Em V.G. Haase, R. Rothe-Neves, C. Käppler, M.L.M. Teodoro, e G.M. O. Wood (eds.), *Psicologia do Desenvolvimento: contribuições interdisciplinares* (p. 249-264). Belo Horizonte: Health.

flitos na relação com outras pessoas, à pior qualidade de vida e a diversos tipos de transtornos psicológicos.

O termo habilidades sociais se diferencia tanto do termo desempenho social como de competência social[2]. O desempenho social refere-se à emissão de um comportamento ou sequência de comportamentos em uma situação social qualquer. Já o termo habilidades sociais refere-se à existência de diferentes classes de comportamentos sociais no repertório do indivíduo para lidar de maneira adequada com as demandas das situações interpessoais. A competência social tem sentido avaliativo que remete aos efeitos do desempenho social nas situações vividas pelo indivíduo. Muitas vezes, uma pessoa possui as habilidades, mas não as utiliza no desempenho por diversas razões, entre as quais a ansiedade, crenças equivocadas e dificuldade de leitura dos sinais do ambiente. Na dinâmica das interações, as habilidades sociais fazem parte dos componentes de um desempenho social competente. A competência social qualifica, portanto, a proficiência de um desempenho e se refere à capacidade do indivíduo de organizar pensamentos, sentimentos e ações[3] em função de seus objetivos e valores articulando-os às demandas imediatas e mediatas do ambiente[4].

As relações entre ação, razão e emoção, recorrentes na Psicologia, têm sido objeto de interesse também de outras ciências, especialmente da neurologia. Os sentimentos podem depender de um sistema de múltiplos componentes que

---

[2]. Ver O'Donohue, W. e Krasner, L. (1995). Psychological skills training. Em W. O'Donohue e L. Krasner (Eds.), *Handbook of psychological skills training: Clinical techniques and applications* (p. 1-19). New York: Allyn and Bacon.

[3]. Os termos pensamento, componentes cognitivos e cognição têm sido utilizados de forma intercambiável e não serão objeto de diferenciação nesta obra. O mesmo se aplica aos termos sentimento, emoção e afeto e, também conação, ação e comportamento, os três últimos referindo-se ao desempenho aberto e publicamente observável. O termo desempenho é usado em um sentido abrangente, incluindo aspectos comportamentais, cognitivos e afetivos.

[4]. Trower chama a esses componentes de "blocos construtores" do desempenho social. Ver: Trower, P. (1995). Adult social skills: State of the art and future directions. Em W. O'Donohue e L. Krasner (Eds.), *Handbook of psychological skills training: Clinical techniques and applications* (p. 54-80). New York: Allyn and Bacon.

são importantes na regulação biológica e, por outro lado, a razão dependeria de sistemas cerebrais que podem também processar sentimentos[5]. Essa posição contraria a noção cartesiana com a qual nos acostumamos, ou seja, a de compreender a razão à parte do organismo. Defende-se, aqui, que a análise das relações interpessoais deve levar em conta a tríade pensamento, sentimento e comportamento, independentemente de estes se apresentarem de forma coerente ou incoerente no desempenho do indivíduo em uma dada situação.

A coerência entre cognição, emoção e comportamento é usualmente designada pelos termos autenticidade, sinceridade e honestidade. No seu oposto, encontram-se as palavras dissimulação, falsidade e mentira. Pode-se dizer que uma pessoa é coerente quando, tanto quanto possível, seus pensamentos e sentimentos se refletem em suas ações e interações com as demais.

Considerando-se a educação para algumas práticas culturais, a grande maioria das pessoas não consegue evitar algumas incoerências. São as chamadas mentiras sociais como, por exemplo, os convites que não expressam verdadeiros desejos e os falsos elogios: *passe lá em casa...; espere um pouco para o jantar; não é incômodo nenhum; seu café está delicioso; não está gorda, parece até ter emagrecido.* Observa-se, também, a contenção na expressão de certos sentimentos ou pensamentos com o propósito de preservar a autoestima do outro ou evitar constrangimentos desnecessários e consequências indesejáveis.

Tanto a incoerência como a coerência entre sentimentos, pensamentos e ações podem ser aprendidas. A aprendizagem da incoerência se dá principalmente através de três processos que, quase sempre, incidem sobre a expressão mais do que sobre a experiência subjetiva de pensar e sentir: a) a observação e a imitação de padrões de dissimulação de outrem; b) a punição para a expressão verdadeira de sentimentos e

---

5. Ver: Damásio, A. (1994/1998). *O erro de Descartes: Emoção, razão e o cérebro humano*. São Paulo: Companhia das Letras; Sacks, A. (1999). *O homem que confundiu sua mulher com um chapéu*. São Paulo: Companhia das Letras.

pensamentos; e c) a recompensa para a expressão não verdadeira de sentimentos e pensamentos. Inicialmente a incoerência pode gerar desconforto e ansiedade, dificultando mais ainda a expressão de sentimentos verdadeiros. Por outro lado, esse desconforto pode ser abrandado e desaparecer totalmente quando a própria pessoa passa a justificar a sua maneira de agir, obtendo, com isso, satisfação por mentir, julgando-se muito esperta. Em outras palavras, ela desenvolve um esquema de autorreforçamento que, como se sabe, é bastante poderoso na manutenção de padrões de ação.

1. Critérios de competência social

Os encontros sociais não ocorrem no vazio. Eles se dão em determinados contextos e situações específicos e são regidos por normas da cultura mais ampla ou da subcultura. Portanto, além da dimensão pessoal (conhecimentos, sentimentos, crenças), o uso competente das habilidades sociais depende também da dimensão situacional (contexto onde ocorrem os encontros, *status* do interlocutor, presença/ausência de outras pessoas etc.) e da cultural (valores e normas do grupo).

Defendemos a ideia de que as pessoas socialmente competentes são as que contribuem na maximização de ganhos e na minimização de perdas para si e para aquelas com quem interagem. Assim, considerando a dimensão pessoal e os contextos situacional e cultural, o desempenho socialmente competente é aquele que – fundado na coerência entre os subsistemas, afetivo, cognitivo e conativo – expressa uma leitura adequada do ambiente social, ou seja, decodifica corretamente os desempenhos esperados, valorizados e efetivos para o indivíduo em sua relação com os demais. Alguns autores[6] diferenciam as habilidades cognitivas (de percepção social e processamento de informação) das habilidades comportamentais (verbais e não verbais), atribuindo às primei-

---

6. Ver, por exemplo: Trower (1995), anteriormente citado; Bedell, J.R., e Lennox, S.S. (1997). *Handbook for communication and problem-solving skill training*. New York: John Wiley e Sons.

ras a função de definir, organizar e guiar o desempenho social e às segundas, a de implementar a direção definida pelos processos cognitivos. A maioria dos autores, no entanto, não faz essa diferenciação, agrupando os dois conjuntos como habilidades sociocognitivas ou, simplesmente, como habilidades sociais. Isto se aplica à noção de *timing*[7], essencial nas relações interpessoais, que implica, simultaneamente, em processos de percepção e desempenho observável.

Em termos de efetividade, é possível atribuir competência social aos desempenhos interpessoais que atendem aos critérios de: a) consecução dos objetivos da interação; b) manutenção ou melhora da autoestima; c) manutenção e/ou melhora da qualidade da relação; d) maior equilíbrio de ganhos e perdas entre os parceiros da interação; e) respeito e ampliação dos direitos humanos básicos[8]. Embora todos esses critérios não sejam usualmente atendidos em uma mesma situação, pode-se afirmar que quanto mais deles são atendidos simultaneamente, maior competência social pode ser atribuída ao indivíduo.

Os objetivos de uma interação social podem ser os mais variados[9]: transmitir ou obter conhecimentos, informações ou compreensão; solicitar mudança de comportamentos, atitudes, crenças ou estado emocional do outro; obter produtos desejados; supervisionar atividades; manter conversação trivial. Supor que uma pessoa socialmente competente sempre atinge seus objetivos nas interações com as demais é uma no-

---

7. A noção de *timing* diz respeito à sensibilidade para identificar o momento apropriado a determinado desempenho e para omiti-lo quando as condições do contexto assim o indicarem.
8. Em outros trabalhos, apresentamos os conceitos de direitos humanos e de equilíbrio de reforçadores como critérios ou princípios que podem servir de orientação ao atendimento clínico ou intervenção psicológica. Ver, por exemplo: Del Prette, A.; Del Prette, Z.A.P. e Castelo Branco, U.V. (1992). Competência social na formação do psicólogo. *Paidéia: Cadernos de Educação, 2*(fev.), 40-50; Del Prette, A. (1982). *Treinamento comportamental em grupo junto à população não clínica de baixa renda: Uma análise descritiva de procedimento*. Dissertação de Mestrado em Psicologia Clínica. Pontifícia Universidade Católica de Campinas, São Paulo.
9. Ver: Argyle, M. (1967/1994). *Psicologia del comportamiento interpersonal*. Madrid: Alianza Universidad.

ção equivocada. Embora a consecução dos objetivos esperados seja um dos indicadores do desempenho socialmente competente, este não é um critério a ser considerado isoladamente. Uma pessoa pode, devido a outros fatores, não atingir os objetivos pretendidos na interação e, ainda assim, ser considerada competente sob os demais critérios. Por outro lado, ela pode atingir os objetivos de uma forma que não seria considerada competente sob os demais critérios, por exemplo, por meio da agressão e da coerção que prejudicam imediatamente, ou em médio prazo, a qualidade da relação, a autoestima e o equilíbrio de poder.

A autoestima relaciona-se com os pensamentos e sentimentos elaborados pelo indivíduo a partir de seus comportamentos e das consequências deste no ambiente. Esses sentimentos serão tanto mais positivos quanto maior a segurança da pessoa de estar fazendo o que acredita mais correto, mais justo, mais adequado, mesmo que não atinja os objetivos. Atingir os objetivos gera satisfação e uma autoavaliação positiva, mas, quando isso ocorre às custas de humilhação, autodepreciação, falsas promessas, intimidação etc., pode, devido à incoerência entre pensamentos e ações, reverter em prejuízos para a autoestima. A exceção a essa regra refere-se às pessoas psicologicamente doentes incluindo-se, aqui, as extremamente ambiciosas e cínicas. Por outro lado, sacrificar os próprios objetivos ou priorizar as necessidades e direitos do outro, em detrimento dos próprios, comportando-se de forma passiva, usualmente também afeta a autoestima e a autoconfiança trazendo a médio ou mesmo a curto prazo insegurança e relações sociais insatisfatórias para o indivíduo.

A manutenção ou melhoria da qualidade das relações interpessoais é um indicador de competência social associado, também, ao compromisso com a relação. A nossa compreensão de compromisso é semelhante à de Hinde[10]. Para esse autor, o compromisso na relação se resume:

---

10. Ver: Hinde, R.A. (1981, p. 14). The bases of a science of interpersonal relationships. Em S. Duck e R. Gilmour (Eds.), *Personal Relationships 1: Studying personal relationships.* New York: Academic Press.

[...] extensão pela qual os parceiros aceitam a continuidade da relação ou dirigem seu comportamento no sentido de assegurar essa continuidade ou otimizar suas propriedades.

Duas pessoas, coerentes no pensar, sentir e agir, tendem a pautar-se pela honestidade nas relações, garantindo confiança mútua e troca de estimulação positiva, fortalecendo dessa maneira o compromisso entre elas.

Um dos critérios mais difíceis de avaliação objetiva é o do equilíbrio de reforçadores e de poder nas relações, pois há muitos componentes subjetivos associados à percepção de ganhos e perdas entre os participantes de uma interação. Teoricamente, se um dos participantes obtém relativamente maiores ganhos e sofre menores perdas do que o(s) outro(s) pode-se falar em desequilíbrio e, ao contrário, verifica-se o equilíbrio quando todos obtêm o máximo de ganhos e o mínimo de perdas, em período de tempo mais ou menos semelhante. Isso produz uma circularidade positivamente reforçadora, ou seja, com grande probabilidade de automanutenção da relação. As falhas na competência social podem produzir ruptura nessa circularidade positiva, criando oportunidade para o aparecimento de comportamentos aversivos, com consequência negativa para um ou ambos os envolvidos. Mesmo ocorrendo esforços no sentido de revitalizar a positividade da relação, algumas rupturas podem ter um caráter excessivamente prolongado, induzindo à deterioração do relacionamento, principalmente quando um dos participantes obtém relacionamentos alternativos mais satisfatórios.

Os direitos interpessoais correspondem à aplicação, na interação social, dos direitos humanos básicos, entendendo-se que eles são válidos para todos e que cada direito corresponde a um dever: o direito de expressar nossas opiniões corresponde ao dever de respeitar as opiniões dos demais; o direito de pedir o que se quer implica o dever de respeitar o direito de recusa do outro e assim por diante.

2. Desenvolvimento e socialização

A Psicologia do Desenvolvimento pode ser caracterizada por um pluralismo conceitual e metodológico que, historicamente, evoluiu das posições organicistas e ambientalistas para uma visão mais ampla do ciclo vital contemplando também as perspectivas etológica, ecológica e histórico-cultural[11]. As concepções atuais sobre o desenvolvimento humano destacam o papel das interações organismo-ambiente, especialmente o ambiente social, sobre as mudanças relativamente duradouras que ocorrem, tanto nas características da pessoa como no padrão de suas interações com o ambiente. As interações sociais têm sido entendidas como um importante fator do desenvolvimento cognitivo e do desenvolvimento socioemocional dos indivíduos. A análise do desenvolvimento humano, visto como trajetória não linear de mudanças ao longo do ciclo vital, enfatiza os processos dinâmicos de construção, reconstrução e plasticidade das características individuais em transação contínua com as características do ambiente. O desenvolvimento ocorre, portanto, em um sistema dinâmico de interações que determinam e são determinadas por outras, sob influência das características genético-constitucionais e psicológicas adquiridas ao longo dessas interações, bem como das condições fisiológicas presentes e das características imediatas e mais amplas do ambiente atual[12].

De um ponto de vista abrangente, grande parte do ambiente é sociocultural, entendendo-se o cultural como produto historicamente acumulado das relações dos homens entre si e com a natureza. A ação recíproca (interação) entre o indivíduo e seu ambiente sociocultural está na base da construção de relações sociais[13], continuamente afetando e sendo afeta-

---

11. Ver: Palácios, J. (1995). Introdução à psicologia evolutiva: História, conceitos básicos e metodologia. Em: C. Coll, J. Palácios e A. Marchesi (Orgs.), *Desenvolvimento psicológico e educação: Psicologia evolutiva* (p. 9-26). Porto Alegre: Artes Médicas (Volume 1).
12. Ver Novak, G. (1996). *Developmental psychology: Dynamical systems and behavior analysis.* Reno: Nevada: Context Press.
13. Ver: Hinde, R.A. (1981). Obra já citada neste capítulo.

das por suas cognições, emoções e ação. O esquema que segue mostra os principais processos envolvidos no desenvolvimento das relações interpessoais:

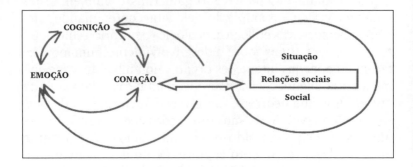

O desenvolvimento da sociabilidade humana pode ser entendido como o conjunto de modificações que ocorrem, ao longo do ciclo vital, na qualidade e natureza das relações e interações com as outras pessoas e, concomitantemente, nos processos cognitivos, afetivos e conativos a elas associados[14]. Cognição, emoção e conação podem ser entendidos como componentes de um sistema único, que transacionam entre si e com o ambiente social[15]. Diante de uma situação social nova, há uma "percepção social", ou seja, o indivíduo a interpreta como ameaçadora, amistosa, ambígua ou familiar (cognição), simultaneamente sente medo, curiosidade ou raiva (emoção) e reage abertamente a ela (conação). Não é possível isolar esses processos[16].

Considerando os processos cognitivos, a socialização da criança inicia-se pelo reconhecimento que ela faz das pessoas

---

14. Ver: López, F. (1995). Desenvolvimento social e da personalidade. Em: C. Coll, J. Palácios e A. Marchesi (Orgs.), *Desenvolvimento psicológico e educação: Psicologia evolutiva* (p. 81-93). Porto Alegre: Artes Médicas (Volume 1).

15. Ver: Lega, L.I, Caballo, V.E. e Ellis, A. (1997). *Teoría y práctica de la terapía racional emotivo-conductual.* Madrid: Siglo XXI de España.

16. Antônio Damásio apresenta uma argumentação fundamentada de que os processos emocionais e racionais não podem ser isolados e que a emoção serviu evolutivamente de base para o desenvolvimento de processos cognitivos importantes no plano pessoal social. Ver: Damásio, A. (1994/1998), obra já citada neste capítulo.

e das demandas das situações possibilitando a diferenciação entre conhecidos e estranhos que se relacionam ao desenvolvimento da identidade social, através de autocategorização e categorização dos demais em termos de gênero, idade, papel social etc. incluindo o reconhecimento de si e dos comportamentos dela esperados. Essa "cognição social" é importante para a aquisição de padrões comportamentais de autocuidado, autoapresentação, comportamentos pró-sociais e opositivos e de outras habilidades (principalmente regras de convivência). Com relação à afetividade, ocorre a formação de vínculos que se iniciam com as figuras de apego do ambiente familiar e se generalizam para outras pessoas, associada à experiência com as diferentes emoções. Os três processos (cognitivo, afetivo e comportamental) estão presentes no desenvolvimento das habilidades de resolução de problemas impostos pelo ambiente social e que exigem habilidades de discriminar e responder a estímulos sociais e, simultaneamente, aos próprios eventos internos (pensamentos e sentimentos).

Incidentes no ambiente social ou exigências da subcultura grupal podem prejudicar o desenvolvimento harmonioso dos padrões acima referidos, favorecendo a aquisição de estilos disruptivos (antissociais) nas relações interpessoais, gerando consequências indesejáveis para o indivíduo e seu entorno. Por outro lado, a competência em habilidades sociais, particularmente as assertivas ou de enfrentamento, tem sido vista como fator de proteção e resiliência para um funcionamento psicossocial adaptativo do indivíduo diante dos fatores de risco que se apresentam em sua história de vida[17].

O desenvolvimento pode ser considerado deficitário quando permanece aquém do esperado para o grupo demográfico-cultural em que o indivíduo está inserido. Quando a falta de determinadas habilidades sociais se torna crítica, pode ca-

---

[17]. Sobre fatores de risco e proteção, vulnerabilidade e resiliência associados ao desenvolvimento socioafetivo e ao desenvolvimento geral, ver, por exemplo: Haggerty, R.J., Sherrod, L.R., Garmezy, N. e Rutter, M. (orgs.), (1996). *Stress, risk and resilience in children and adolescents: Processes, mechanisms and interventions*. Cambridge: Cambridge University Press.

racterizar relações sociais restritas e conflitivas que interferem, de maneira negativa, sobre esse mesmo grupo e sobre a saúde psicológica do indivíduo. Ao contrário, pode ser considerado satisfatório, quando atinge ou supera a expectativa do grupo e, ao reverter positivamente para a maioria dos envolvidos, cria relações sociais prazerosas e produtivas. Os chamados problemas de comportamento, exteriorizados sob a forma de agressão, birra e outras condutas antissociais, ou interiorizados em timidez e inibição excessivas, constituem o reverso do desenvolvimento socioafetivo satisfatório, associando-se, geralmente, a déficits em habilidades sociais importantes para desempenhos mais adaptativos.

Embora o desenvolvimento ocorra ao longo de todas as etapas do ciclo vital[18], a infância e os contextos familiar e escolar têm sido enfatizados como momentos e contextos críticos para aquisições que influem decisivamente sobre as etapas posteriores e também sobre outras áreas de desenvolvimento.

Nos contextos familiar e escolar, as crianças começam a aprender habilidades sociais juntamente com a ampliação do conhecimento sobre os diferentes papéis que fazem parte do amplo quadro da vida social. A família é o primeiro grupo social da criança, onde ela começa o longo e interminável processo de aprendizagem de convivência social. A escola possui, funcionalmente, muita semelhança com o ambiente familiar no processo de socialização da criança. Ambos são contextos aparentemente simples, mas, como se sabe hoje, espaços onde se desdobra muito do que ocorre na sociedade em geral. Cada um deles configura-se como sociedade particularizada, onde podem ser observados o exercício do poder, a formação de alianças, um sistema de recompensa e punições, diferentes estruturas de organização de grupos, os processos de ensino e aprendizagem, de comunicação direta e indireta, de divisão de tarefas e papéis, de estabelecimento,

---

18. Ver nossa análise em: Del Prette, Z.A.P. e Del Prette, A. (1999). Obra já citada neste capítulo.

regulação e aplicação de normas, de exercício de diferentes habilidades etc.

A sociedade predetermina papéis que são reificados (ou seja, que se tornam aceitos como verdadeiros) e normatizados por muitas gerações, mas que são também negados no todo ou em parte e recriados, produzindo transformações nos costumes, formas diferentes de educar filhos etc. Há uma revolução extraordinária ocorrendo na família, principalmente na maneira como a mulher idealiza o seu papel, o que vem influenciando muitas mudanças na sociedade. Também na escola, as alterações na estrutura de gestão e nas propostas pedagógicas acabam influenciando os papéis atribuídos a cada segmento e a qualidade das relações entre eles.

A família e a escola

No contexto familiar, a aquisição de habilidades sociais é geralmente mediada pelos pais que se esforçam em prover ocasiões de contatos sociais para seus filhos e se preocupam quando estes evitam interagir com outras crianças. Em muitos casos, os pais buscam ajuda de pessoas mais experientes, consultam pediatras e ouvem sugestões e conselhos. Muitas vezes, porém, sentem-se completamente entregues a si mesmos, pouco ou nada sabendo a respeito do desenvolvimento infantil. Recentemente, esse quadro de desinformação vem se alterando, com ampla disponibilidade de livros voltados para a chamada "arte de educar os filhos". Em muitos países, como França, Inglaterra, Bélgica, Estados Unidos e Canadá, existem clínicas especializadas para ajudar os pais nessa tarefa, embora a maioria tenha o caráter remediativo e não preventivo.

Desde o nascimento, a criança expressa uma série de emoções através dos canais de comunicação verbal (choro) e não verbal (movimentos do corpo, mãos e face). O canal não verbal torna-se, algumas semanas após o nascimento da criança, cada vez mais elaborado e ela passa a utilizar outros recursos comunicativos (como o sorriso, o olhar e a postura) modelados pelos pais e demais cuidadores. A comunicação verbal desenvolve-se posteriormente observando-se, a partir dos seis meses, que os sons e as palavras vão se aprimorando até chegar ao manejo da fala significativa. A habilidade de expressar sentimentos é muito importante para o desenvolvimento saudável. Alguns pais inadvertidamente bloqueiam a expressão de sentimentos, punindo, ignorando ou não lhe dando importância e, ainda, exagerando na atenção seletiva a formas inapropriadas de expressá-los.

Tão logo quanto possível, a criança necessita aprender a conhecer seus sentimentos, primeiramente atribuindo-lhes os nomes consensualmente aceitos. Por exemplo, nomeia-se *medo* quando certas reações fisiológicas, psicológicas e motoras ocorrem, tais como sudorese, batimento cardíaco acelerado, tremores, abrir demasiadamente os olhos ou cobri-los, correr e esconder-se, procurar proteção junto aos pais etc. A alegria corresponde a um outro conjunto de reações e assim por diante. Além da identificação, ela deve aprender a lidar com os sentimentos de forma adequada, ou seja, saber que pode sentir raiva, inclusive de seus pais, reconhecer que invejou o colega cujo trabalho foi premiado e admitir que também ama e sente compaixão por um animal ferido ou por alguém que não tem o que comer. Essa é uma aprendizagem feita penosamente pela maioria dos adultos, mas estes, ao ajudarem os filhos, podem minimizar-lhes as dificuldades desse processo, tornando-o uma saudável aventura de autodescoberta.

As relações pais-filhos vêm sendo discutidas, na literatura especializada, em termos de estilos parentais caracterizados com base em suas estratégias de controle, responsividade e afetividade[19]. Muitos estudos associam os estilos parentais (por exemplo, autoritários, negligentes ou democráticos) ao desenvolvimento das habilidades sociais e da compe-

---

19. Ver: Glasgow, K., Dornbusch, S., Troyer, L., Steinberg, L. e Ritter, P. (1997). Parenting styles, adolescents'attributions and educational outcomes in nine heterogeneous high schools. *Child Development,* 68, 507-509. Entre os poucos estudos da literatura nacional sobre essa temática, pode-se destacar: Pacheco, J.T.B., Teixeira, M.A.P. e Gomes, W.B. (1999). Estilos parentais e desenvolvimento de habilidades sociais na adolescência. *Psicologia: Teoria e Pesquisa,* 15(2), 117-126.

tência social das crianças e dos jovens, identificando correlações com autoestima, condutas pró-sociais e empatia, autocontrole e agressividade dos filhos. As relações entre irmãos e com os demais parentes, aí se incluindo as relações intergeracionais, constituem uma fonte adicional de satisfação, mas também de muitos conflitos potenciais. Os conflitos entre irmãos podem, em muitos casos, representar oportunidades de experimentação de habilidades de enfrentamento, com maior controle das possíveis consequências indesejáveis. As habilidades sociais contribuem para minimizar conflitos e maximizar a satisfação nas relações familiares.

Ao ingressar na escola, a criança constrói novos conhecimentos ampliando sua compreensão social. As relações com companheiros da mesma idade, mais velhos ou mais novos, são essenciais nesse processo. As brincadeiras e os jogos são experiências significativas para a apreensão da organização social, a aprendizagem de regras, a identificação de habilidades associadas aos diferentes papéis e, portanto, para o desenvolvimento da competência social. As demandas do contexto escolar e do grupo de companheiros induzem também ao raciocínio pró-social e moral e à tomada de perspectiva que constituem uma base importante para o desenvolvimento de várias habilidades, especialmente a de empatia. Além da ênfase no desenvolvimento da linguagem e na assimilação das estruturas de comunicação verbal, importantes para a competência social, as relações com os colegas estabelecem um conjunto de condições que podem modelar as características do desempenho social do indivíduo. As relações de amizade, o *status* social adquirido no grupo, as experiências de aceitação e rejeição e as preferências que nele se formam estão relacionados com os comportamentos de cooperação, ajuda, seguimento de regras, controle de raiva e agressividade e outros indicadores de competência social nessa fase. A influência do grupo de companheiros, especialmente se associada a outros fatores de risco, pode, também, induzir comportamentos antissociais e outras condutas disruptivas comprometendo o desenvolvimento de relações interpessoais satisfatórias e desejáveis.

A influência da mídia na socialização

Dois outros personagens vêm ganhando proeminência na ocupação do tempo da criança: a televisão e o computador. A cada dia que passa, avolumam-se as informações sobre a influência deles no comportamento das crianças e dos adultos. Em 1998, a ONU (Organização das Nações Unidas) realizou pesquisas sobre as emissoras de televisão aberta no Brasil. Analisando 71 horas de desenhos animados, encontrou uma ocorrência de 20 crimes a cada 60 minutos de programação. Além disso, verificou que a violência nos desenhos e filmes assusta menos as crianças do que a do cotidiano, exibida no noticiário das emissoras. Uma das conclusões é que a influência da televisão está diretamente associada ao tempo de exposição e à qualidade da programação disponível. Se os relacionamentos que veem são de caráter agressivo, elas podem, em algumas situações, exibir o mesmo comportamento de seus heróis ou ídolos.

Com relação à internet, algumas pesquisas recentes[20] mostram que considerável percentagem de jovens vem reduzindo a quantidade e a qualidade de suas interações face a face e adquirindo hábitos de internautas que podem resultar em isolamento social. Contrapondo-se a essa informação, alguns têm respondido que a internet é um espaço privilegiado para se fazer amizades e, inclusive, conhecer pessoas que não são encontradas nos locais habituais de frequência dos jovens. Isto de fato é verdadeiro e poderia ser melhor utilizado pelos pais e pela escola. Todavia, essa resposta não invalida os dados de que: a) com a internet um grande número de jovens reduziu suas possibilidades de contato social direto; b) o contato social através da internet difere significativamente da interação face a face; c) na interação face a face, as pessoas se expõem mais (o *self* verdadeiro fica mais disponibilizado) e, ao se darem a conhecer, também passam a obter

---

20. O jornal *O Estado de S. Paulo*, DE 17/02/2000 (Caderno Geral A-13), apresentou reportagem bastante detalhada sobre pesquisas conduzidas por várias universidades americanas sobre o hábito de internautas das crianças e adolescentes. Desconhecemos pesquisas conduzidas no Brasil a esse respeito.

maior conhecimento de si, uma vez que recebem *feedback* (retroalimentação)[21] sobre seus desempenhos reais; d) o relacionamento via internet exacerba a fantasia (a começar pelo pseudônimo) e reduz as oportunidades de um conhecimento verdadeiro incluindo-se, aí, a impossibilidade de observação direta do desempenho em situações sociais reais.

Outro instrumento poderoso sobre o qual a maioria dos pais não dispõe (por vários motivos) de muito controle, são os *games*. Na dependência do tempo de exposição e do tipo de estimulação, esses jogos são eliciadores de um estado difuso de excitação e incitadores potenciais da agressividade. A maioria desses jogos possui personagens (reais ou simbólicos) violentos, destrutivos, impulsivos, guiados pela norma retaliativa (olho por olho, dente por dente), fornecendo modelos de comportamento bastante inadequado para o desenvolvimento da competência social.

Apesar desses problemas, esses instrumentos eletrônicos podem ser utilizados como aliados no desenvolvimento da qualidade das relações interpessoais. Já existem, por exemplo, *games* educativos, disponíveis no mercado de alguns países[22] destinados a ajudar pais e professores na educação das crianças para a convivência social. É importante que os pesquisadores brasileiros se interessem pela produção desse tipo de material útil na educação, adequando-os à nossa realidade cultural e disponibilizando mais essa alternativa aos pais e educadores em geral.

---

21. O termo *feedback* pode ser literalmente traduzido por retroalimentação. Nas ciências humanas, e em particular na Psicologia, o uso do termo em inglês é amplamente conhecido e aceito, razão por que também se manterá esta forma ao longo do livro.

22. Ver, por exemplo: *Social skills game: Learning to get along with people*. Game board and supllies by PCI Educational Publishing; Richars, K. e Fallon, M. Cause and Effect Card Games. Two Decks of Game Cards and Other Game Supplies. Published by Psychological Corp. Esses games podem ser acessados em http://www.idyllarbor.com/games/M369.HTM.

3
CONTEXTOS E DEMANDAS DE HABILIDADES SOCIAIS

Eu mesmo,
Se transponho o umbral enigmático,
Fico outro ser,
De mim desconhecido.

C. Drummond de Andrade

Os diferentes contextos dos quais participamos contribuem, de algum modo, para a aprendizagem de desempenhos sociais que, em seu conjunto, dependem de um repertório de habilidades sociais. A decodificação dos sinais sociais, explícitos ou sutis, para determinados desempenhos, a capacidade de selecioná-los e aperfeiçoá-los e a decisão de emiti-los ou não, são alguns dos exemplos de habilidades aprendidas para lidar com as diferentes demandas das situações sociais[1] a que somos cotidianamente expostos.

> O termo **demanda** pode ser compreendido como ocasião ou oportunidade diante da qual se espera um determinado desempenho social em relação a uma ou mais pessoas.

As demandas são produtos da vida em sociedade regulada pela cultura de subgrupos. Quando algumas pessoas não conseguem adequar-se a elas (principalmente as mais importantes) são consideradas desadaptadas provocando reações de vários tipos. O exemplo mais extremo é o do fóbico social que

---
[1]. Ver: Argyle, M., Furnham, A. e Graham, J.A. (1981). *Social situations*. Cambridge: Cambridge University Press.

não consegue responder às demandas interpessoais de vários contextos, isolando-se no grupo familiar e, mesmo neste, mantendo um contato social bastante empobrecido.

Quando, por alguma razão, um contexto provê aprendizagem de determinadas habilidades sociais, mas não cria oportunidade para que sejam exercidas, as necessidades afetivas a elas associadas podem não ser satisfeitas. Em nossos programas de desenvolvimento de relações interpessoais com universitários, os estudantes frequentemente apresentam dificuldade de expressar carinho (apesar do desejo de fazê-lo) porque, em suas famílias, seus pais não incentivam e nem mesmo permitem "essas liberdades".

Ao nos depararmos com as diferentes demandas sociais, precisamos inicialmente identificá-las (decodificá-las) para, em seguida, decidirmos reagir ou não, avaliando nossa competência para isso. A identificação ou decodificação das demandas para um desempenho interpessoal depende, criticamente, da leitura do ambiente social, o que envolve, entre outros aspectos:

a) atenção aos sinais sociais do ambiente (observação e escuta);

b) controle da emoção nas situações de maior complexidade;

c) controle da impulsividade para responder de imediato;

d) análise da relação entre os desempenhos (próprios e de outros) e as consequências que eles acarretam.

Não é muito fácil identificar os sinais que, a cada momento, indicam demandas para desempenhos excessivamente elaborados. Por exemplo, quando o ambiente social é extremamente ameaçador, pode provocar ansiedade, requerendo respostas de enfrentamento ou fuga que variam na adequação às demandas. Em outras palavras, é como se o indivíduo dissesse a si mesmo:

✓ *Aqui é esperado que eu...* (leitura do ambiente social ou das demandas);

✓ *Não posso concordar com isso, eu preciso dizer que...* (análise da própria necessidade de reagir a uma demanda);

✓ *Acho melhor não dizer nada agora...* (decisão quanto a apresentar ou não um desempenho em determinado momento).

Diferentes tipos de demandas interpessoais podem aparecer sob combinações variadas. Algumas combinações, no entanto, parecem típicas de contextos específicos e requerem conjuntos de habilidades sociais que podem ser cruciais para a qualidade dos relacionamentos aí desenvolvidos. O contexto mais significativo da vida da maioria das pessoas é o familiar. Além deste, podem-se destacar, como inerente à vida social na maior parte das culturas, a escola, o trabalho, o lazer, a religião e o espaço geral de cotidianidade (ruas, praças, lojas etc.). Segue-se uma análise dos contextos familiar, escolar e de trabalho que, não obstante suas especificidades, contemplam também muitas das habilidades sociais requeridas nos demais.

1. O contexto familiar

A vida familiar se estrutura sobre vários tipos de relações (marido-mulher, pais-filhos, entre irmãos e parentes) com uma ampla diversidade de demandas interpessoais. O desempenho das habilidades sociais para lidar com elas pode ser uma fonte de satisfação ou de conflitos no ambiente familiar. Dada a inevitabilidade de conflitos[2], o caráter saudável de muitos deles depende da forma de abordá-los e resolvê-los[3], o que remete, em última instância, à competência social dos envolvidos.

---

2. Ver: Johnson, D.W. e Johnson, R.T. (1996). Conflict resolution and peer mediation programs in elementary secondary schools: An overview of the research. *Review of Educational Research,* 66(4), 459-506.

3. Ver: Barcley, D.R. e Houts, A.C. (1995). Parenting skills: A review and development analysis of training content. Em W. O'Donohue e L. Krasner (Eds.), *Handbook of psychological skills training: Clinical techniques and applications.* Boston: Allyn and Bacon.

Relações conjugais

Embora, na sociedade atual, as pessoas já possuam um razoável conhecimento de seu parceiro antes de optarem por uma vida em comum, mesmo assim, com o passar do tempo, pode ocorrer a deterioração de alguns comportamentos mutuamente prazerosos (reforçadores) e o aparecimento ou maximização de outros de caráter aversivo. Em um relacionamento novo, cada pessoa procura exibir ao outro o melhor de si mesma, mas, ao longo do tempo, o cotidiano doméstico pode alterar drasticamente esse repertório. Além disso, a maioria das pessoas, ao se casarem, possuem algumas ideias românticas sobre o amor[4] que, além de não se concretizarem, dificultam a identificação e o enfrentamento das dificuldades conjugais.

Considerando o conceito de compromisso (referido no capítulo 2), crucial para o caso das relações conjugais, a qualidade desse relacionamento depende, criticamente, de quanto os cônjuges investem na sua continuidade e otimização. O autoaperfeiçoamento de ambos em habilidades sociais conjugais garante, em parte, esse compromisso. No entanto, quando apenas um dos parceiros alcança um desenvolvimento socioafetivo rápido, diferenciando-se excessivamente do outro, ele pode reavaliar os próprios ganhos na relação como insatisfatórios e dispor-se à busca de relacionamentos alternativos, provocando a sua ruptura. Uma fonte de ruptura ocorre, portanto, quando há uma ausência de compromisso com a própria relação e/ou com o desenvolvimento do outro.

Em uma revisão da literatura de pesquisas sobre Terapia Conjugal, Gottman e Rusche[5] identificaram algumas habilidades essenciais para a qualidade do relacionamento conjugal, destacando aquelas associadas à aprendizagem e ao con-

---

4. Gottman, J. e Rushe, R. (1995). Communication and social skills approaches to treating ailing marriages: A recommendation for a new marital therapy called "Minimal Marital Therapy" (p. 287-305). Em W. O'Donohue e L. Krasner (Eds.), *Handbook of psychological skills training: Clinical techniques and applications*. Boston: Allyn and Bacon.

5. Gottman, J. e Rushe, R. (1995), obra já citada.

trole dos estados afetivos que desencadeiam conflitos e reduzem a capacidade de processamento de informações. Tais habilidades incluem: acalmar-se e identificar estados de descontrole emocional em si e no cônjuge, ouvir de forma não defensiva e com atenção, validar o sentimento do outro, reorganizar o esquema de interação do casal de modo a romper o ciclo queixa-crítica-defensividade-desdém. Acrescentam, também, a este conjunto, a habilidade de persuadir o cônjuge a não tomar nenhuma decisão enquanto o estado de excitação psicofisiológica estiver sem autocontrole adequado.

Frequentemente, um dos cônjuges expressa pensamentos e sentimentos de forma explosiva, extrapolando nas queixas e críticas. Se a reação do outro seguir na mesma direção, gera descontrole de ambos e uma alta probabilidade de manutenção do ciclo descrito acima, o que tende a piorar ainda mais a situação. Daí a importância da habilidade de acalmar o outro. Ouvir não defensivamente permite que o cônjuge exponha por completo o seu pensamento e pode servir para validar seu sentimento (empatia). Adicionalmente, a fala calma facilita a organização do conteúdo da mensagem, aumenta a probabilidade de clareza e, consequentemente, de compreensão, tendo o efeito provável de acalmar. As situações de conflito geralmente exigem outras habilidades como as de admitir o erro, desculpar-se ou pedir mudanças de comportamento.

Existem casais que são bastante atenciosos com amigos, colegas de trabalho e pessoas que lhes prestam serviço e, no entanto, deixam de dar essa mesma quantidade de atenção ao cônjuge. A maioria que age assim parece não ter a intenção de colocar o cônjuge em segundo plano, porém acaba por negligenciar um elemento importante do relacionamento, ignorando situações e oportunidades para exercer a habilidade de dar atenção.

Muitas vezes, a imagem idealizada, ou real no começo do relacionamento, de uma pessoa bem-humorada, amável, carinhosa etc. vai se desvanecendo, gerando insatisfação e desinteresse. Bom-humor, gentileza mútua, carinho e atenção precisam ser cultivados no cotidiano da relação. Para isso, é muito importante a habilidade de prover consequências positivas quando o cônjuge apresenta esses comportamentos. A sinceridade, no entanto, é fundamental, caso contrário poderá parecer que há pretensão de manipulação. Há um velho adágio popular que cai bem nesta situação: *amor com amor se paga*. Em muitas situações em que o comportamento do outro caminha na direção de desempenhos favoráveis à qualidade do relacionamento, pode ser importante que os cônjuges explicitem claramente esses aspectos, por meio da habilidade de dar *feedback* positivo. Da mesma maneira, pedir *feedback* é uma habilidade que favorece uma avaliação conjunta.

São muitos os problemas resolvidos diariamente por apenas um dos membros da díade conjugal em assuntos que afetam a ambos. Esses problemas, ou são corriqueiros, ou possuem tal urgência que demandam ações imediatas. O partilhar decisões pelo casal produz, no entanto, um equilíbrio nas relações de poder, na medida em que ambos decidem e são, igualmente, responsáveis pelo êxito ou fracasso de todo empreendimento.

Um subgrupo particularmente relevante de habilidades sociais conjugais é representado pelas de relacionamento íntimo. Nesta categoria, os desempenhos sociais possuem características singulares, com o padrão não verbal tendo um peso considerável na interação. O conteúdo (o que se diz), a forma (como se diz) e a ocasião (quando se diz) são componentes importantes e precisam ser bem dosados e ajustados às preferências das pessoas envolvidas. Isso significa que requisitos não fundamentais em outros contextos ganham, aqui, um estatuto especial como, por exemplo, as discriminações sutis das mensagens enviadas em códigos e elaboradas no processo de interação.

Relações pais-filhos

As relações pais-filhos possuem um caráter afetivo, educativo e de cuidado que cria muitas e variadas demandas de habilidades sociais. O exercício dessas habilidades é, em geral, orientado para o equilíbrio entre os objetivos afetivos imediatos e os objetivos a médio e longo prazo de promover o desenvolvimento integral dos filhos e prepará-los para a vida. Argyle[6] identifica três estratégias básicas pelas quais os pais educam seus filhos: a) por meio das consequências (recompensas e punições), b) pelo estabelecimento de normas, explicações, exortações e estímulos e c) por modelação. Cada uma dessas estratégias baseia-se em ações educativas que supõem um repertório elaborado e diversificado de habilidades sociais dos pais.

À medida que crescem, os filhos desenvolvem interesses, ideias e hábitos que podem gerar conflitos familiares. Nem sempre é fácil para os pais a identificação dos sinais que apontam para a iminência de um conflito entre eles e os filhos ou para os estágios iniciais de um comportamento reprovado no contexto dos valores familiares. Inversamente, é também difícil identificar os estágios iniciais de um comportamento desejável que pode estar sendo mascarado pela predominância de outros indesejáveis. Na maioria das vezes, presta-se mais atenção aos comportamentos que perturbam ou quebram normas estabelecidas. Com frequência, os pais buscam interromper esses comportamentos com medidas punitivas ou corretivas que produzem resultados pouco efetivos porque os suprimem apenas momentaneamente e, ainda, podem gerar vários sentimentos negativos, como a raiva, o abatimento, a revolta[7] etc.

Essas situações constituem ocasião para o exercício de um conjunto de ações educativas que podem alterar drasticamente a qualidade da relação e promover comportamentos mais adequados dos filhos. A literatura enfatiza a importância de apresentar *feedback* positivo para os desempenhos

---

6. Argyle, M. (1967/1994). *Psicología del comportamiento interpersonal*. Madrid: Alianza Universidad.

7. Ver: Silva, A.T.B. (2000). Problemas de comportamento e comportamentos socialmente adequados: Sua relação com as habilidades sociais educativas dos pais. Dissertação de Mestrado. Programa de Pós-Graduação em Educação Especial. Universidade Federal de São Carlos, São Carlos, SP.

considerados adequados tão logo eles ocorram. Elogiar e fornecer consequências positivas incentivam e fortalecem desempenhos incipientes que, em etapas posteriores, serão mantidos por suas consequências naturais. A maioria dos pais faz isso quando está ensinando os filhos a andar, falar ou ler, mas costuma negligenciar a apresentação de consequências positivas quando se trata de comportamentos que consideram "obrigação" como estudar, organizar-se, demonstrar gentileza, apresentar iniciativa na solução de pequenos problemas pessoais etc.

Muitos pais queixam-se de que, especialmente na adolescência, os filhos se tornam esquivos, buscando maior contato com os companheiros do que com eles. A adolescência é, sem dúvida, um período de grandes conquistas e descobertas por parte dos jovens, podendo produzir inquietação aos pais. É o momento de experimentar as novas possibilidades cognitivas e o despertar sexual, mas também um período de grande labilidade emocional, dadas suas alterações hormonais. Em qualquer etapa, mas particularmente nesta, são importantes várias outras ações educativas como as de combinar normas e regras de convivência coerentes com os valores familiares e estabelecer consenso sobre padrões de conduta a serem assumidos por todos. Em outras palavras, decidir *com* os filhos como traduzir valores em comportamentos, o que implica em diálogo e nas habilidades a ele inerentes.

Assim como muitas situações requerem o autocontrole dos sentimentos evitando-se agravar conflitos potenciais, outras podem requerer sua expressão. Em tais casos, embora a demanda apareça sem se anunciar, a expressão de raiva ou desagrado requer controle emocional se o objetivo for educativo mais do que meramente de descarga emocional. A habilidade dos pais de expressar adequadamente raiva e desagrado fornece modelo de autocontrole. Quando esses sentimentos são gerados por comportamentos dos filhos que violam os acordos e as normas combinados, a situação pode requerer a habilidade de defender os próprios direitos em uma visão de reciprocidade.

Em muitos momentos da relação pais-filhos, ocorrem críticas de ambos os lados. A maioria de nós tem facilidade em fazer críticas que apenas humilham as pessoas, mas dificuldade em apresentar as construtivas. Além disso, a habilidade de desculpar-se pode ser importante para diminuir ressentimentos e induzir atitudes construtivas em relação à dificuldade vivida.

2. O contexto escolar

A Educação é uma prática eminentemente social que amplia a inserção do indivíduo no mundo dos processos e dos produtos culturais da civilização. A escola é um espaço privilegiado, onde se dá um conjunto de interações sociais que se pretendem educativas. Logo, a qualidade das interações sociais presentes na educação escolar constitui um componente importante na consecução de seus objetivos e no aperfeiçoamento do processo educacional.

O discurso oficial sobre os objetivos e metas da instituição escolar, preconizado e continuamente reafirmado em termos de formação para a vida e para a cidadania, já inclui, naturalmente, a articulação entre aprendizagem e desenvolvimento. O desenvolvimento socioemocional não pode ser excluído desse conjunto, especialmente quando se observa, nos dias atuais, uma escalada de violência atingindo crianças e jovens e manifestando-se, inclusive, no contexto escolar. Há, portanto, uma concordância quase unânime sobre a necessidade de aprimoramento das competências sociais de alunos, professores e demais segmentos da escola.

Mas é necessário destacar a importância de uma clara compreensão sobre que tipo de habilidades efetivamente contribui para essa *preparação para a vida*. Em um de nossos estudos[8], uma amostra significativa de professores da rede pública valorizou as habilidades pró-sociais em níveis signifi-

---

[8]. Ver: Del Prette, A., Del Prette, Z.A.P., Prizantelli, C.C., Vitorazzi, E. e Santos, M.S. (1998). Habilidades sociais no currículo escolar: representações do professor. *Resumos de Comunicação Científica da XXVIII Reunião Anual da Sociedade Brasileira*, p. 167.

cativamente superiores à valorização atribuída às habilidades assertivas e de enfrentamento. Como são complementares, é importante que todos esses conjuntos sejam, igualmente, desenvolvidos na escola. Habilidades como liderar, convencer, discordar, pedir mudança de comportamento, expressar sentimentos negativos, lidar com críticas, questionar, negociar decisões, resolver problemas etc. precisam também ser promovidas pela escola. A emissão competente de tais habilidades pode constituir um antídoto importante aos comportamentos violentos, especialmente se desenvolvidos paralelamente às habilidades de expressar sentimentos positivos, valorizar o outro, elogiar, expressar empatia e solidariedade e demonstrar boas maneiras.

Os estudantes excessivamente tímidos ou muito agressivos enfrentam maiores dificuldades na escola, pois em geral apresentam déficits nas chamadas habilidades de sobrevivência em classe[9]: prestar atenção, seguir instruções, fazer e responder perguntas, oferecer e pedir ajuda, agradecer, expor opiniões, discordar, controlar a própria raiva ou tédio, defender-se de acusações injustas e pedir mudança de comportamento de colegas, no caso de chacotas e provocações. Além das consequências sobre a aprendizagem, tais dificuldades podem se reverter em problemas de autoestima no desenvolvimento socioemocional.

Além disso, uma ampla literatura vem mostrando correlação entre déficits no repertório de habilidades sociais dos alunos e suas dificuldades de aprendizagem e baixo rendimento escolar[10]. Embora a funcionalidade dessa relação ainda esteja sob investigação, não é difícil imaginar a importância de habilidades como as de perguntar, pedir ajuda, responder perguntas, dar opinião, expressar dificuldade etc. so-

---

9. Ver: Goldstein, A.P., Sprafkin, R.P., Gershaw, N.J. e Klein, P. (1980). *Skillstreaming the adolescent: A structured approach to teaching prosocial skills*. Illinois: Research Press Company; Fad, K.S. (1989). The fast track to success: Social behavioral skills. *Intervention in School and Clinic*, 3 (1), 39-42.

10. Ver: Del Prette, Z.A.P. e Del Prette, A. (1998). Desenvolvimento interpessoal e educação escolar: A perspectiva das Habilidades Sociais. *Temas em Psicologia, 6*(3), 205-216.

bre a aprendizagem nesse contexto e, em particular, como forma de obter atenção e cuidado por parte da professora.

3. O contexto de trabalho

Qualquer atuação profissional envolve interações com outras pessoas onde são requeridas muitas e variadas habilidades sociais, componentes da competência técnica e interpessoal[11] necessária para o envolvimento em várias etapas de um processo produtivo.

A competência técnica usualmente faz parte dos objetivos educacionais dos cursos profissionalizantes de segundo e terceiro graus e dos treinamentos que ocorrem no âmbito das organizações. No entanto, a competência interpessoal raramente é relacionada como objetivo de formação profissional ocorrendo, de forma assistemática, como um subproduto desejável do processo educativo, por vezes referido como currículo oculto.

Embora existam ocupações em que grande parte das atividades é realizada quase que isoladamente, como, por exemplo, a do restaurador de obras de arte, do copista de obras antigas ou do arquivista em um escritório, ainda assim há um processo complementar que depende da interação social. Tal processo pode ser de recepção de itens de tarefa, negociação de contrato, reuniões, supervisão de atividades, aperfeiçoamento por meio de cursos etc. Pode-se dizer que praticamente nenhum trabalho ocorre no isolamento social total. Por outro lado, existem outras atividades em que a realização da tarefa se dá quase que totalmente na relação com o outro, ou seja, elas são mediadas por interações sociais. São as ocupações de vendedor, recepcionista, telefonista, professor, médico, assistente social, terapeuta etc.

---

[11]. Esses termos foram utilizados pelos autores na análise da competência profissional do psicólogo. Ver: Del Prette, A. (1978). O treino assertivo na formação do psicólogo. *Arquivos Brasileiros de Psicologia Aplicada, 30*, 53-55; Del Prette, Z.A.P. e Del Prette, A. (1996). Habilidades envolvidas na atuação do psicólogo escolar/educacional. Em S.M. Wechsler (Org.), *Psicologia Escolar: pesquisa, formação e prática*. Campinas: Alínea, 139-156.

Os novos paradigmas[12] organizacionais que orientam a reestruturação produtiva têm priorizado processos de trabalho que remetem diretamente à natureza e qualidade das relações interpessoais. Entre tais aspectos, pode-se citar a ênfase na multiespecialização associada à valorização do trabalho em equipe, intuição, criatividade e autonomia na tomada de decisões, ao estabelecimento de canais não formais de comunicação como complemento aos formais, ao reconhecimento da importância da qualidade de vida e à preocupação com a autoestima e com o ambiente e cultura organizacionais.

Essas mudanças imprimem demandas para habilidades como as de coordenação de grupo, liderança de equipes, manejo de estresse e de conflitos interpessoais e intergrupais, organização de tarefas, resolução de problemas e tomada de decisões, promoção da criatividade do grupo etc. As inovações constantes e o desenvolvimento organizacional no mundo do trabalho requerem, ainda, competência para falar em público, argumentar e convencer na exposição de ideias, planos e estratégias. O trabalho em pequenos grupos mostra a necessidade de habilidades de supervisão e monitoramento de tarefas e interações relacionadas ao processo produtivo que, para ocorrerem adequadamente, exigem competência em requisitos como os de observar, ouvir, dar *feedback*, descrever, pedir mudança de comportamento, perguntar e responder perguntas entre outras.

---

12. O termo paradigma tem sido utilizado com muita liberdade. *Grosso modo*, podemos falar em paradigmas culturais e paradigmas científicos. Os primeiros são modos de interpretar o mundo e influenciam as práticas sociais; os segundos são modelos que orientam o fazer científico. Ambos, em vários momentos da História, se interpenetram: o modelo copernicano sobre o movimento dos corpos celestes influenciou a visão de mundo, originando diferentes práticas sociais, especialmente na Religião e na Educação. Os chamados paradigmas organizacionais constituem uma extensão dos culturais e científicos ao âmbito das organizações. Para uma comparação entre as visões associadas aos novos e antigos paradigmas organizacionais, o leitor poderá recorrer ao manual da Associação Brasileira de Treinamento e Desenvolvimento (1995). *Manual de Treinamento e Desenvolvimento*. São Paulo: Makron, 2ª edição.

4
HABILIDADES SOCIAIS PARA UMA NOVA SOCIEDADE

> *E penso com os olhos e com os ouvidos*
> *E com as mãos e com os pés*
> *E com o nariz e com a boca.*
>
> Fernando Pessoa

Conforme se verificou no capítulo anterior, existem contextos com demandas de desempenhos sociais específicos e também diferentes contextos com demandas para classes semelhantes de desempenho social. Rigorosamente falando, a listagem de classes de habilidades sociais exclusivas para determinados contextos parece uma tarefa inviável. Isso porque tanto os eventos, como as situações que variam continuamente, criando a necessidade de alterações correspondentes no desempenho das pessoas. Por isso, é preferível falar em classes e subclasses de habilidades sociais em diferentes graus de complexidade. As classes mais complexas são compostas por diversas habilidades e estas, por sua vez, podem ser subdivididas em novas subclasses variando, portanto, das mais complexas ou molares às mais específicas ou moleculares. O esquema a seguir representa um contínuo molar-molecular com as subclasses componentes da classe geral "coordenar grupo", organizadas em ordem crescente de complexidade.

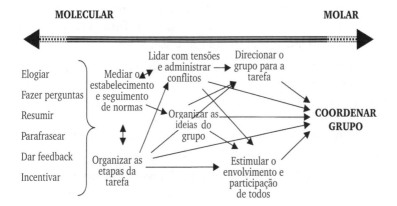

Neste diagrama, as habilidades situadas do lado molecular podem fazer parte das que se encontram em posições intermediárias e estas, por sua vez, compõem habilidades de crescente complexidade que se colocam, também, como componentes da classe geral "coordenar grupo". Teoricamente, cada habilidade, mesmo as de menor complexidade, pode ser decomposta em outras. Além disso, cada habilidade possui componentes não verbais, paralingüísticos e mistos, por exemplo, contato visual, sorriso, postura, gestualidade e entonação de voz[1].

Quanto mais complexa uma classe de habilidade, mais subclasses de habilidades ela possui. O contínuo exemplificado acima pode ser aplicado na análise de outras classes de habilidades. Essa decomposição é muito importante no planejamento de um programa de promoção de habilidades sociais, pois algumas pessoas podem apresentar déficits em algumas subclasses e não em outras. Dessa maneira, a relevân-

---

1. Os trabalhos de Goldstein apresentam programas de "aprendizagem estruturada" de habilidades sociais em que elas são organizadas em pelo menos três níveis de complexidade: os conjuntos maiores, as habilidades componentes de cada conjunto e os "passos" envolvidos no desempenho de cada habilidade. Em McGinnis e Goldstein (1984), os autores propõem, para crianças em idade escolar, cinco grupos de habilidades: sobrevivência em classe: fazer amizades, lidar com sentimentos, apresentar alternativas à agressão e lidar com *stress*. Ver: McGinnis, E., Goldstein, A.P., Sprafkin, R.P. e Gershaw, N.J. (1984). *Skillstreaming the elementary school child: A guide for teaching prosocial skills.* Champaign: Illinois: Research Press.

cia de uma habilidade não está necessariamente relacionada à sua complexidade, mas sim ao seu valor funcional para um desempenho socialmente competente.

Feitas essas ressalvas, apresentamos neste capítulo a descrição de um conjunto de habilidades que consideramos importantes para os programas de Treinamento de Habilidades Sociais. Várias delas são encontradas na literatura atual da área; outras são habilidades mais amplas e geralmente não incluídas nas classificações usuais.

Essas habilidades foram organizadas em sete conjuntos, distribuídos em quatro níveis de complexidade crescente, conforme o quadro a seguir. A organização das habilidades em diferentes conjuntos tem como base a análise de seu conteúdo e funcionalidade, mas não exclui algumas sobreposições, inevitáveis devido à variabilidade e a complexidade das relações interpessoais.

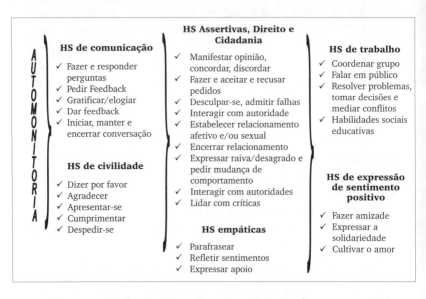

A proposta de taxonomia acima requer algumas considerações adicionais. Conforme já definido anteriormente, a disponibilidade de um variado repertório de habilidades sociais não implica, necessariamente, em um desempenho socialmente competente, embora seja uma das condições para isso. Por outro lado, especialmente no caso de desempenhos mais complexos, é importante considerar a complementaridade de algumas habilidades para garantir os efeitos que caracterizam a competência social e a qualidade das relações interpessoais. Por exemplo, considerando-se o desempenho de manter conversação, não basta a habilidade de falar de si mesmo: é importante que esta seja acompanhada da habilidade de fazer perguntas e ouvir o outro demonstrando interesse; caso contrário estaríamos diante de pessoa que fala muito de si mesma e pouco se importa com o interlocutor. Alguém altamente assertivo, porém com falta de habilidades empáticas e de expressão de sentimentos, pode ter dificuldade no estabelecimento de relações de amizade. Outro pode emitir competentemente habilidades empáticas, de comunicação e de civilidade mas se não consegue emitir as assertivas pode dar a impressão de pouca sinceridade, dificultando relações mais estáveis e duradouras.

1. Aprendendo a aprender: a automonitoria

> *Digo ao senhor que eu mesmo notei que estava falando alto demais [...] coração bruto batente por debaixo de tudo. Senti outro fogo no meu rosto, o salteio de que todos a finque me olhavam [...] Por isso, prendi minhas vistas só num homem, um que foi o qualquer sem nem escolha minha e porque estava bem por minha frente.*
>
> Guimarães Rosa

São muitos os conceitos de automonitoramento na literatura psicológica. Às vezes são amplos e genéricos como o de Snyder[2] que o descreve como "observação, regulação e controle da identidade projetada no público", ou restritos como

---

2. Ver: Snyder, M. (1987). *Public appearence private realities: The psychology of self-monitoring*. New York: Friman (p. 35).

o de God e colaboradores[3] que o referem como um processo pelo qual as pessoas observam e registram pensamentos sobre si mesmas em suas interações com o meio ambiente.

> Considerando as interações com o ambiente social, podemos conceber o **automonitoramento** como uma habilidade metacognitiva e afetivo-comportamental pela qual a pessoa observa, descreve, interpreta e regula seus pensamentos, sentimentos e comportamentos em situações sociais.

As relações entre pessoas provêm oportunidades frequentes para a aprendizagem de habilidades sociais importantes no ajustamento do indivíduo. Nessas ocasiões, ao monitorar o seu desempenho, aumenta a probabilidade de alcançar uma boa competência social. Pessoas com pouca habilidade na automonitoria de desempenhos sociais tendem a responder de maneira razoavelmente automática aos estímulos intraceptivos e ambientais. Estando com fome ingerem o primeiro alimento que encontram, sentindo raiva intensa, podem descarregá-la em uma pessoa não responsável pelo seu estado. Na maioria das vezes, as pessoas pouco conscientes de seus desempenhos mostram-se incapazes de identificar e nomear seus sentimentos e pensamentos ou descrever como agiram.

Existem, portanto, pelo menos quatro requisitos para o desempenho dessa habilidade de automonitoramento: controle da impulsividade, observação do outro, introspecção e reflexão. Aquelas pessoas que aprenderam a monitorar a si próprias são geralmente conscientes de suas emoções, pensamentos e comportamentos, conhecem suas potencialidades e pontos vulneráveis, planejam metas pertinentes aos seus recursos e alteram seu desempenho quando isso se faz necessário.

---

3. Ver: God, S.R., Letourneau, E.J. e O'Donohue, W. (1995). Sexual interaction skills. Em: O'Donohue e L. Krasner (Eds.), *Handbook of psychological skills training: Clinical techniques and applications* (229-246). New York: Allyn and Bacon.

Portanto, essa habilidade possibilita:

✓ melhora no reconhecimento das emoções próprias e do outro;

✓ experiência direta da relação emoção-pensamento-comportamento;

✓ maior probabilidade de sucesso no enfrentamento de situações complexas;

✓ análise e compreensão mais acuradas dos relacionamentos;

✓ melhora na autoestima e na autoconfiança;

✓ ajuda a outras pessoas na solução de problemas interpessoais.

Um exemplo de automonitoramento pode ser extraído da citação inicial deste tópico. Na narrativa de Guimarães Rosa, Riobaldo, homem do sertão das Minas Gerais, conta a sua vida e, nesse trecho, exibe de forma admirável a habilidade de automonitoramento. Fica evidente a difícil situação que Riobaldo enfrentou: a de tomar a palavra e contradizer seu chefe (Joca Ramiro) diante de todos. Ele descreve seu comportamento: *eu mesmo notei que estava falando alto demais.* Embora não utilize o termo, pode-se inferir a sua ansiedade: *coração bruto batente...; senti fogo no meu rosto...* Conscientemente, ele procura regular (monitorar) a sua ação, dentro das disponibilidades de seu repertório de comportamentos. Riobaldo sabe de suas dificuldades e utiliza a estratégia de olhar para alguém, uma vez que lhe seria difícil olhar diretamente para o seu comandante: *por isso, prendi minhas vistas num só homem.*

2. Habilidades sociais de comunicação

A comunicação é um mecanismo essencial da vida e da evolução, a começar pela mensagem dos genes que informam, através das propriedades físico-químicas das moléculas, alterações nas suas estruturas[4]. Na sociedade, a comunicação é responsável pela formação de extensas redes de troca social que mantêm e alteram a cultura e, consequentemente, a realidade social. Temos um número razoavelmente crescente de teorias sobre comunicação e muitas disciplinas científicas se ocupam dessa temática. Estamos interessados aqui, na comunicação como um processo mediador do contato entre as pessoas e não vamos nos deter em conceitos como mensagem, código, meio, ruído e outros.

As habilidades de comunicação interpessoal podem ser classificadas como verbais e não verbais. Essa classificação é arbitrária, uma vez que ambas estão sempre presentes nos contatos face a face. A comunicação verbal é mais consciente, explícita e racional, dependendo, entre outros fatores, do domínio da língua e das normas sociais de seu uso.

A comunicação não verbal complementa, ilustra, regula, substitui e algumas vezes se opõe à verbal. Grande parte da decodificação das mensagens ocorre no plano não verbal mais do que verbal. Posturas, gestos, expressões faciais e movimentos do corpo adquirem diferentes significados em função do contexto verbal e situacional em que ocorrem. Por exemplo, batemos na testa quando nos esquecemos de alguma coisa, encolhemos os ombros para manifestar indiferença e assim por diante. Uma pessoa com boa competência social consegue articular de maneira coerente os significados da comunicação não verbal aos da comunicação verbal. Há, atualmente, uma ampla literatura da qual o leitor interessado em maior detalhamento poderá se valer[5].

Algumas das principais habilidades de comunicação, que fazem parte dessa classe geral, tais como iniciar e encerrar

---

4. Ver: Smith, J.M. e Szathmary, E. (1997). Linguagem e vida. Em: M.P. Murphy e Z.A.J. O'Neil (Orgs.), *"O que é vida?"*: *50 anos depois: especulações sobre o futuro da Biologia*. São Paulo: UNESP/Cambridge.

5. Ver, por exemplo: Del Prette, Z.A.P. e Del Prette, A. (1999). *Psicologia das habilidades sociais: Terapia e educação*. Petrópolis: Vozes. Nesta obra, há um capítulo especialmente dedicado aos componentes não verbais, com muitas referências sobre o assunto.

conversação, fazer e responder perguntas, gratificar e elogiar, dar e receber *feedback,* serão analisadas a seguir.

Fazer e responder perguntas

> O principezinho jamais renunciava a uma pergunta depois que a tivesse feito.
>
> A. Saint-Exupéry

A habilidade de formular perguntas é importante na maioria das situações e pode ser considerada essencial em algumas atividades, por exemplo, na entrevista. Embora aparentemente simples, essa habilidade envolve discriminação e flexibilidade para utilizar as perguntas com diferentes formas, conteúdos e funções.

Com relação à forma, aspectos não verbais e paralinguísticos como entonação, volume da voz, expressão facial e gesticulação podem dar diferentes funções a uma pergunta, tais como pedido, sugestão, ordem e intimidação. As perguntas podem ainda ser classificadas em abertas ou fechadas, difusas (a qualquer pessoa) ou dirigidas (a uma pessoa em particular). As perguntas abertas tendem a gerar maior quantidade de informação; as fechadas podem gerar respostas mais objetivas e precisas mas restringem-se à informação nelas indicada. As difusas estimulam apenas as pessoas que apresentam maior prontidão e agilidade verbal para responder; as dirigidas garantem a fonte de informação selecionada.

Além dos aspectos formais, as variações no conteúdo das perguntas também podem conferir-lhes diferentes funções[6], tais como: a) avaliativas, que buscam verificar o conhecimento ou compreensão do ouvinte; b) estimuladoras da verbalização ou do pensamento crítico do outro que podem funcionar como um tipo de ajuda verbal mínima (maiêutica); c) re-

---

6. Ver: Hargie, O., Saunders, C. e Dickson, D. (1981/1994). *Social skills in interpersonal communication.* London: New York: Routledge (3ª ed.)

tóricas, cujo objetivo é o de dar encaminhamento ao próprio discurso e manter a atenção do ouvinte; d) esclarecedoras, de ampliação ou complementação da própria verbalização; e) confrontadoras, visando apontar contradições em uma exposição. As perguntas avaliativas podem ainda variar conforme a expectativa de maior ou menor elaboração da resposta requerida, respectivamente: a) análise, síntese, interpretação, avaliação ou exemplificação de algum aspecto[7] ou b) apenas a reprodução ou repetição de um conteúdo já disponível a um ou a todos os interlocutores.

A habilidade de responder perguntas depende da decodificação de sua forma, conteúdo e função. Adicionalmente, o receptor precisa identificar, em seu repertório, a disponibilidade da resposta e decidir se: a) responde ao que foi explicitamente perguntado; b) responde ao que foi implicitamente colocado (no caso de funções mais sutis como a de confronto e provocação); c) ignora a pergunta, como um todo ou parte dela, em função das avaliações anteriores; d) expressa a própria dificuldade em responder. Ao lado da resposta direta e aberta, muitas outras possibilidades se abrem tais como: o silêncio, a recusa em responder, a reposta não pertinente, o humor como forma de fugir à pergunta, a devolução, a evasiva, o desvio do assunto entre outras. A alternativa considerada mais competente dependerá dos objetivos, da leitura do contexto e das demandas presentes.

Gratificar e elogiar

> Os homens admiram a altura dos montes, as imensas ondas do mar, as vertiginosas correntes dos rios, a latitude interminável dos oceanos, o curso dos astros, e se esquecem do muito que têm de admirar a si mesmos.
>
> Santo Agostinho

---

[7] Hargie, Saunders e Dickson (1981/1994), na obra já referida, chamam esse tipo de perguntas como questões de processo *(process questions)* por envolverem maior processamento cognitivo.

A competência para gratificar tem sido tradicionalmente associada a pessoas carismáticas, populares e líderes[8]. Trata-se, sem dúvida, de um ingrediente relevante nas relações sociais satisfatórias e equilibradas. Nas relações profissionais e educativas, a eficiência do instrutor, do professor, dos pais e dos agentes educativos em geral, enquanto modelos de condutas, cresce com essa habilidade. Gratificar encontra-se frequentemente presente em outras classes de habilidades, entre os quais as de expressão de empatia e solidariedade, de fazer amizade e de cultivar amor. Ela depende da escuta ativa e de outros componentes que estão sendo objeto de descrição nesse capítulo.

O elogio é entendido como qualquer comentário positivo em direção a/e sobre outra pessoa ou a alguma coisa feita por ela. Em nossa sociedade, o elogio costuma ser avaliado positivamente, quando percebido como sincero e pertinente, mas negativamente, quando objetiva a manipulação ou a bajulação. Por isso mesmo, a competência em fazer elogio implica coerência entre o pensar, o sentir e o agir e depende de uma acurada discriminação sobre o que, a quem, como e quando elogiar.

Reagir a elogios e cumprimentos é uma habilidade aparentemente simples, que envolve apenas aceitar e agradecer a referência. Apesar disso, muitas pessoas, principalmente as tímidas, têm dificuldade em responder a elogios recebidos, devido a vários fatores, entre os quais: baixa autoestima, ansiedade social e reações fisiológicas condicionadas (rubor, taquicardia, sudorese). Por outro lado, pessoas que se avaliam irrealisticamente lidam mal com os elogios. As que se supõem superiores tendem a achar que os elogios não lhes fazem justiça. Ao contrário, as que se sentem inferiores quase sempre não acreditam nos elogios recebidos.

---

8. Argyle, originalmente, coloca essa habilidade, juntamente com a sensibilidade perceptiva, a serenidade e as demais habilidades básicas de interação social como componentes da competência social. Ver: Argyle, M. (1967/1994). *Psicología del comportamiento interpersonal*. Madrid: Alianza Universidad.

Pedir e dar feedback nas relações sociais

> *Ouvir do outro o que se sabe verdadeiramente sobre si mesmo jamais é a mesma coisa.*
>
> A. Huxley

Dar e pedir *feedback* constituem habilidades essenciais para regularmos nossos desempenhos e os das pessoas com quem convivemos visando relações saudáveis e satisfatórias. Esse termo vem se popularizando bastante nos últimos anos, mas ainda existem alguns equívocos. Confundir *feedback* com reforço ou elogio (se positivo) ou com críticas (se negativo) é mais frequente do que seria desejável. As pessoas socialmente competentes tendem a substituir ou a associar o elogio ao *feedback* positivo, tornando suas referências mais objetivas e mais facilmente aceitas e valorizadas pelos demais.

Na teoria dos sistemas[9], o *feedback* é o mecanismo de retroalimentação de informações necessário para reequilibrar um sistema ou o funcionamento das partes que o afetam. Nas relações sociais, o conceito de *feedback* pode ser entendido como um mecanismo de regulação de desempenhos que geram determinados resultados e que é acionado em caso de desequilíbrio entre o processo (conjunto de desempenhos) e o produto (resultados). O *feedback* pode, nesse caso, permitir a correção, manutenção e melhoria dessa relação processo-produto. Sem o *feedback*, não só o mundo físico, mas também o social seriam confusos e, em muitas situações, as pessoas não saberiam como se comportar.

Utilizado de maneira intencional, o *feedback* pode ser entendido como uma descrição verbal ou escrita sobre o desempenho de uma pessoa. Em programas de Treinamento de

---

9. A proposta de uma teoria dos sistemas é relativamente antiga embora ganhe, nos dias atuais, um renovado interesse. Um autor considerado clássico na proposta da abordagem sistêmica é: Bertalanfy, L. von (1950). An outline of general system theory. *British Journal of Philosophy of Science*, 1, 134-165. Uma aplicação dessa teoria à Psicologia do Desenvolvimento pode ser exemplificada com Bronfenbrenner, U. (1989). Ecological systems theory. *Annals of Children Development*, 6, 185-246.

Habilidades Sociais (THS), o *feedback* é considerado como habilidade alvo a ser aprendida pelos participantes e como procedimento de treinamento, a ser utilizado tanto pelo facilitador como pelos membros do grupo entre si.

Enquanto procedimento de ensino-aprendizagem, o *feedback* permite que a pessoa sob treinamento perceba como se comporta e como esse comportamento afeta seu interlocutor. Nesses casos, é importante considerar o impacto do *feedback* positivo na manutenção e aperfeiçoamento dos aspectos desejáveis do desempenho. Defende-se que o *feedback* negativo, embora mais frequente em nossa cultura, deveria ser substituído pelo positivo porque:

a) evita ressentimentos e reações defensivas, comumente associadas ao *feedback* negativo;

b) dispõe a pessoa a ouvir com mais atenção as observações feitas pelo interlocutor, ampliando seu conhecimento sobre o próprio desempenho e/ou os resultados dele decorrentes;

c) motiva a pessoa a investir no aperfeiçoamento dos aspectos valorizados;

d) aumenta a probabilidade dos desempenhos valorizados voltarem a ocorrer.

O *videofeedback* é uma variante que permite a observação direta do desempenho através de filmagens. Esse recurso tem as vantagens da veracidade e da possibilidade de observação do desempenho quantas vezes se achar conveniente. Ele é usado em várias atividades, mas no esporte vem sendo mais explorado, permitindo ao atleta estudar detalhes de seu desempenho. Algumas atividades interativas como falar em público, coordenar grupos e realizar atendimentos (cirurgias, entrevistas de diversos tipos, vendas etc.) podem, também, beneficiar-se do *videofeedback*.

A habilidade de prover *feedback* supõe, como requisitos, as de ouvir e prestar atenção ao comportamento do outro. Além disso, alguns componentes funcionais e formais caracterizam a competência nessa habilidade, tais como:

a) falar diretamente à pessoa à qual se dá o *feedback*, chamando-a pelo nome, mantendo contato visual e usando tom de voz calmo, porém audível;

b) apresentá-lo o mais imediatamente possível à emissão do comportamento;

c) descrever o desempenho observado ao invés de avaliá-lo;

d) referir-se ao comportamento emitido no momento sem atribuí-lo como característica da pessoa;

e) primar pela parcimônia.

A dificuldade em dar e receber *feedback* pode acontecer devido a vários fatores, inclusive a ausência de uma prática cultural. Uma das maiores dificuldades em receber *feedback* está relacionada ao excesso de defensividade que, por seu turno, revela medo da perda de autoestima e *status* adquiridos. O *feedback* não deve, no entanto, ser utilizado como recurso punitivo nem como comunicação unilateral. Entre as dificuldades para apresentar *feedback* estão a incapacidade de compreender as necessidades do outro, a falha em observar e/ou descrever o comportamento e a pretensão do uso do *feedback* como forma de exercício de poder.

Iniciar, manter e encerrar conversação

Aquele que sabe falar, sabe também quando fazê-lo.

Arquimedes

Nem todas as pessoas obtêm êxito nas tentativas de iniciar uma conversação. As dificuldades podem estar relacionadas a diversos fatores: a) da situação (o local onde o contato ocorre); b) do interlocutor (disponibilidade de tempo, estado de humor); c) da própria pessoa (excesso de ansiedade interpessoal). Essa é uma habilidade e um requisito de muitas outras e, em geral, as pessoas adquirem algumas estratégias que são aceitas nas subculturas. Pode-se iniciar o contato com um cumprimento, seguindo-se da apresentação pessoal ou da explicitação do objetivo do encontro. A comunicação não verbal, nesse caso, é de grande ajuda. A saudação com a mão voltada para o interlocutor, o inclinar o corpo, o sorriso etc. podem facilitar o processo inicial de conversação. Quando já existe um conhecimento prévio entre as pessoas, um leve toque no braço com uma expressão do tipo: *E então?* podem ser suficientes para dar início a um diálogo.

Entre as habilidades de iniciar conversação destacam-se as de aproximar-se da pessoa ou grupo no momento mais apropriado, apresentar-se, observar, ouvir o outro, discriminar seus interesses, fazer perguntas abertas e fechadas, parafrasear, demonstrar senso de humor, pedir e expressar opinião, expressar sentimentos positivos, fazer pedidos ou propostas, apresentar *feedback* positivo e elogiar. Outras habilidades importantes são as de apresentar e reagir [à] informação livre[10], que facilitam explorar conteúdos de autorrevelação. Diante da pergunta: *Você mora aqui?*, ao invés de responder sim ou não, a pessoa pode oferecer informação livre do tipo: *Sim, mas ainda conheço poucas pessoas e quase nem saio de casa*. Isso possibilita o interlocutor explorar esse aspecto para novas perguntas, dando prosseguimento à conversação. Não são poucas as pessoas que apresentam dificuldade de falar de si mesmas. Algumas acreditam (falsamente) que isso é vantajoso e acabam por criar uma barreira com as demais. Outras, infelizmente, não aprenderam a se comunicar livre e abertamente.

Para muitas pessoas, encerrar a conversação é uma tarefa tão difícil que frequentemente a deixam a cargo do interlocutor. Isso pode causar vários problemas e situações constrangedoras quando o outro também apresenta essa dificuldade ou não tem interesse em encerrar o encontro. Usualmente, as pessoas oferecem sinais verbais e não verbais indicativos de sua necessidade de encerrar uma interação e sair

---

10. Ver: Bower, S.A. e Bower, G.H. (1977). *Asserting yourself: A practical guide for positive change*. Massachusetts: Califórnia: London: Addison-Wesley Pusblishing Company; Lange, J.L. e Jakubowski, P. (1976). *Responsible assertive behavior*. Illinois: Research Press Co.

de um grupo de conversação. Gestos, mudança de postura, alterações na direção do olhar, redução do contato visual, verbalizações e entonação típica são indicadores reconhecidos na maioria das culturas. Olhar o relógio, ajeitar a roupa, apanhar a bolsa ou as chaves, modificar a postura e certas verbalizações (*Bem, então ficamos assim...; Está certo! Eu agora vou fazer isso...*) são comuns.

As habilidades de produção e de leitura desses sinais contribuem para criar um sincronismo em que o encerramento da conversação flui naturalmente. Quando os interlocutores apresentam boa leitura dos sinais não verbais, os verbais se reduzem significativamente, podendo mesmo ser dispensáveis. No entanto, quando as interações não ocorrem face a face (por exemplo, ao telefone), as habilidades verbais precisam ser acionadas de forma mais explícita.

3. Habilidades sociais de civilidade

Falar antes de ser convidado a fazê-lo é precipitação.
Não falar, quando convidado a fazê-lo, é dissimulação.
Falar sem observar a expressão do outro é cegueira.

Confúcio

O senso comum utiliza uma sábia expressão para valorizar as reações adequadas às demandas de civilidade: *a boa educação não ocupa espaço*. Em cada cultura, um conjunto de normas sociais estabelece o que usualmente se denomina por "bons modos". Aqueles que desconsideram essas normas são, frequentemente, marginalizados pelas pessoas e grupos que as adotam.

Esta classe refere-se, portanto, a desempenhos razoavelmente padronizados, próprios dos encontros sociais breves e ocasionais, em que as transações entre as pessoas ocorrem com pouca ou quase nenhuma mobilização de emoções, especialmente no contexto de cotidianidade e de cerimoniais. São os desempenhos que, juntamente com algumas habilidades de comunicação, expressam cortesia e incluem, entre outras, as habilidades de apresentar-se, cumprimentar, despedir-se e agradecer, utilizando formas delicadas de conversação (*por favor, obrigado, desculpe*). Há uma certa padronização em desempenhos desse tipo, mas quando a formalidade é exagerada pode criar a impressão de ausência de flexibilidade ou de autenticidade. Os termos "etiqueta" e "cerimonial" são utilizados para designar as regras e expectativas mais rígidas de comportamento para determinadas situações sociais[11] como, por exemplo, cultos religiosos, banquetes, solenidades públicas etc.

Em geral, as dificuldades nessa área provêm do desconhecimento das normas e cultura do grupo do qual o indivíduo pretende participar e de falhas na aprendizagem prévia dessas habilidades no próprio grupo (modelos inadequados, isolamento social e convivência restrita a um tipo de cultura). Para as pessoas que apresentam um bom repertório de habilidades sociais desta classe, o controle da ansiedade e a assimilação das regras que orientam as interações em certos contextos podem ser suficientes para um desempenho satisfatório.

4. Habilidades sociais assertivas de enfrentamento: direitos e cidadania

Agir assertivamente por uma causa social beneficia a todos os membros da sociedade incluindo a mim mesmo.

Alberti e Emmons

Os direitos humanos foram adotados pela ONU (Organização das Nações Unidas) em 1948. O Brasil é, também, um dos signatários da Declaração Universal dos Direitos Humanos. A habilidade na defesa dos próprios direitos e os de outrem é, ao nosso ver, facilitada pela compreensão de que muitos dos itens da Declaração Universal dos Direitos Humanos

---

11. Argyle, M. (1967/1994), obra já citada neste capítulo.

podem ser traduzidos em direitos interpessoais É o caso dos artigos abaixo:

a) Artigo 6º: Todos têm direito ao reconhecimento, em todos os lugares, como pessoa humana diante da lei.

b) Artigo 18º: Todos têm direito à liberdade de pensamento, consciência e religião. Esse direito inclui a liberdade de mudar de religião ou crença e a liberdade, quer isoladamente ou em comunidade de, em público ou em particular, manifestar sua religião ou crença, pelo ensino, prática, culto e observância.

c) Artigo 19º: Todos têm direito à liberdade de expressão e de opinião. Este direito inclui a liberdade de manter opiniões sem interferências e buscar receber e transmitir informações e ideias por quaisquer meios de expressão e sem consideração de fronteiras.

Existem, ainda, alguns direitos inerentes à vida social (e deveres a eles correspondentes) que não aparecem na Declaração Universal dos Direitos Humanos, mas que são decorrentes dela na medida em que se assume que "todos são iguais em dignidade e direitos" (Artigo 1º). Entre esses direitos, podem-se destacar os de: ser tratado com respeito e dignidade; recusar pedidos (abusivos ou não) quando achar conveniente; mudar de opinião; pedir informações; cometer erros por ignorância e buscar reparar as faltas cometidas; ver suas necessidades consideradas tão importantes quanto as necessidades dos demais; expressar suas opiniões; ser ouvido e levado a sério; estar só quando deseja; fazer qualquer coisa desde que não viole os direitos de alguma outra pessoa; defender aquele que teve o próprio direito violado; respeitar e defender a vida e a natureza[12].

No cotidiano, muitas das pequenas violações aos direitos das pessoas não recebem acolhida nas instâncias de justiça e precisam, portanto, ser resolvidas no âmbito das relações, o que requer um desempenho socialmente competente. O exercício desses direitos supõe: a) o reconhecimento de sua existência, enquanto norma estabelecida; b) a discriminação das situações em que houve violação; c) a mobilização de senti-

---

[12]. Ver Lange e Jakubowski (1976). Obra já citada neste capítulo.

mentos de justiça; d) e o desenvolvimento de padrões de desempenho que garantam a restituição do equilíbrio nas relações entre pessoas ou grupos. Esse desempenho pode incluir habilidades específicas de expressar opinião ou desagrado, fazer pedidos, protestar, solicitar mudança de comportamento do outro, especificar consequências para a situação atual e para o equilíbrio pretendido na relação.

O exercício da cidadania, em sentido menos restrito, requer conhecimento dos desequilíbrios de oportunidades como, por exemplo, de acesso à educação, impostos pelo capitalismo excludente e, também, domínio de habilidades específicas de organização visando definir e defender objetivos e projetos coletivos, articulando-se com outros segmentos sociais; participar de ONGs (Organizações Não Governamentais), exercitar o respeito à decisão da maioria disciplinar a vontade, renunciando ao comodismo e ao individualismo além daquelas ligadas à coordenação de grupo a ao relacionamento com pessoas em posição de autoridade. A noção de cidadania se articula, portanto, à de construção e reconstrução da identidade pessoal/social, mediando, por essa via, a emergência de ações coletivas que buscam uma reparação ou um equilíbrio nas relações entre categorias sociais[13].

A assertividade tem sido definida na literatura clássica como "a afirmação dos próprios direitos e expressão de pensamentos, sentimentos e crenças de maneira direta, honesta e apropriada que não viole o direito das outras pessoas"[14]. Usualmente aplicada às situações que envolvem algum risco de consequências negativas, caracteriza um tipo de enfrentamento que requer o autocontrole de sentimentos negativos despertados pela ação do outro ou a expressão apropriada desses sentimentos. Entre as habilidades dessa classe podem ser destacadas as de: defender os próprios direitos e os de outrem, recusar pedidos, lidar com críticas, expressar senti-

---

13. Ver: Del Prette, A. e Del Prette, Z.A.P. (1996). Psicologia, identidade social e cidadania: O espaço da educação e dos movimentos sociais. *Educação e Filosofia*, 10(20), 203-223.

14. Lange, J.L. e Jakubowski, P. (1976). Obra já citada neste capítulo.

mentos negativos de raiva, desagrado, desconforto, discordar e solicitar mudança de comportamento. A competência social nas situações que demandam enfrentamento requer uma compreensão clara das noções de direitos e de cidadania, um repertório de componentes comportamentais e uma discriminação acurada da ocasião (*timing*, interlocutores, situação) em que sua expressão pode levar aos resultados pretendidos com menores riscos de consequências negativas. Trata-se, portanto, de um conjunto de habilidades bastante elaboradas, cujos componentes usualmente precisam ser inicialmente garantidos em suas unidades mais moleculares e, posteriormente, integrados em desempenhos mais completos e complexos.

Manifestar opinião, concordar, discordar

> *Bem que gostaria de contar tudo o que sei a propósito e nunca me ver obrigado a pintar em meu portão: entrada proibida.*
>
> Henry Thoreau

Expressar opiniões é uma habilidade importante para a construção de relações de confiança, honestas e saudáveis. Ela envolve concordar, mas igualmente discordar das ideias expressas por outras pessoas. Algumas situações são mais desafiadoras para o exercício dessa habilidade, como os contextos de grupo e de relação com pessoas de autoridade. Devido a isso, em alguns casos, mesmo quando a pessoa não tem dificuldade em discordar, pode decidir não expressar sua opinião.

Podemos discordar de muitas coisas, desde valores e filosofia de vida até afirmações factuais que contradizem nossas fontes de conhecimento. Em cada caso, a forma da discordância assume características específicas. As divergências de valores, crenças, visão de mundo etc. podem levar a longas e infrutíferas discussões se estes pontos conflitantes não forem claramente destacados. Prestar atenção ao conteúdo da fala do interlocutor, identificando os pontos e a profundidade da divergência, bem como as convergências, parece ser uma condição necessária para expressar discordância e facilitar a aceitação do outro a nossas opiniões.

As divergências devem ser enfrentadas dentro dos princípios do direito à liberdade de expressão e do respeito às diferentes opiniões. Não se trata, nesse caso, de convencer o outro ou desqualificá-lo, mas de apresentar as ideias sustentando-as, sempre que possível, com fatos, acontecimentos e referências, dando a ele a oportunidade de fazer o mesmo.

Fazer, aceitar e recusar pedidos

> *Ninguém está livre de dizer bobagens; o problema é dizê-las propositalmente.*
>
> M. de Montaigne

A interdependência natural das relações humanas saudáveis implica em reconhecer que muitas de nossas necessidades somente podem ser satisfeitas pela mediação das demais pessoas, por exemplo, necessidade de informação, auxílio, compreensão, instrução, carinho etc. Um requisito para a identificação e o atendimento de tais demandas é dá-las a conhecer, ou seja, fazer pedidos indicativos dessas necessidades.

A probabilidade de nossas carências serem atendidas pelas pessoas que nos cercam depende de suas possibilidade e disponibilidade e, ainda, da forma, ocasião e justeza dos nossos pedidos. Portanto, discriminar a quem, como e quando os pedidos devem ser feitos são os principais componentes dessa habilidade. Um pedido pode ser considerado impertinente ou abusivo quando feito a um desconhecido ou a alguém atarefado, mas razoável quando a uma pessoa amiga ou disponível.

A aceitação ou recusa dos pedidos não depende apenas de nossa possibilidade de atendê-los, mas também de nossa avaliação sobre a necessidade do outro e da ocasião e forma em que é apresentado. Atender pedidos razoáveis e pertinentes expressa solidariedade e cooperação. No entanto, atender pedidos abusivos revela dificuldade em outra habilidade importante nas relações interpessoais: a da recusa.

Em geral, parece fácil recusar pedidos abusivos, irrazoáveis ou inconvenientes que por si mesmos não se justificam. No entanto, ainda que a pessoa perceba estar sendo explorada em tais situações, pode ter dificuldade em recusar porque teme consequências negativas (término de uma relação ou reações agressivas), não desenvolveu essa habilidade ou a situação é a tal ponto ansiógena que inibe a reação de recusa. Recusar pedidos abusivos de maneira apropriada envolve, em princípio, algumas habilidades como dizer não sem se desculpar ou, se necessário, apresentando breve justificativa.

Desculpar-se e admitir falhas

> A experiência nos tem demonstrado que nada é mais difícil a uma pessoa do que controlar a sua língua.
>
> B. Espinoza

Admitir erros ou falhas não é uma tarefa emocionalmente simples, pois, via de regra, altera nosso autoconceito e autoestima. Ainda que usualmente não se inclua entre as chamadas habilidades assertivas, por sua demanda emocional, desculpar-se pode ser considerada uma habilidade de enfrentamento. Pedir desculpas significa admitir equívocos, desfazer mal-entendidos, diminuir ressentimentos e estabelecer a intenção de superar divergências no relacionamento. Essa habilidade se define pura e simplesmente pelo ato de desculpar-se: *Peço-lhe desculpas pelo que fiz; Espero que você me desculpe pelo que disse.* Ela não inclui justificativa do tipo: *Eu falei dessa forma porque você também havia...* e, menos ainda, promessa de compensação ou de mudança. Melhor que prometer é demonstrar a sinceridade dos propósitos através das ações. Pessoas com déficits de automonitoramento encontram mais dificuldade para identificar as falhas cometidas em suas relações com as demais e, consequentemente, para admitir erros e pedir desculpas. Isso explica, em parte, certas negações que aparentemente contrariam as evidências.

Estabelecer relacionamento afetivo/sexual

> *O desenvolvimento de uma relação depende, em ampla medida, do que os parceiros fazem juntos e, especialmente, do que dizem um ao outro e de como dizem.*
>
> Steve Duck

As habilidades voltadas para o estabelecimento de relações afetivas e/ou sexuais têm sido objeto de muitos estudos. Essa área remete a considerações sobre as relações românticas em geral, o significado do amor para as diferentes pessoas, a atração física e a muitos outros aspectos que não são objeto deste trabalho no momento. No entanto, é importante destacar o papel da cultura tanto na construção das ideias sobre a natureza do amor como no estabelecimento de padrões de relações associados à idade e ao gênero.

As habilidades envolvidas nas interações de cunho afetivo-sexual representam um desafio para os adolescentes e mesmo para muitos adultos. A ansiedade das primeiras tentativas, se mal sucedidas, pode representar um obstáculo para aprendizagens posteriores. Duas habilidades são básicas nessa fase de aproximação: o envio e a leitura dos sinais não verbais. As pessoas demonstram seu interesse pelo outro, de maneira consciente ou não, por meio de sinais, culturalmente determinados, tais como dilatação pupilar, contatos visuais rápidos seguidos de rebaixamento das pálpebras, gestos, expressão facial/corporal e sorrisos. A sinalização pode informar disponibilidade e correspondência ou repulsão a qualquer iniciativa.

A fase seguinte se define por um conjunto de habilidades de conversação, especialmente as de identificação, de autorrevelação e de dar e aproveitar informações livres, necessárias para o estabelecimento da relação e da intimidade. O autocontrole da ansiedade e o automonitoramento das próprias ações e de seus efeitos sobre o(a) possível parceiro(a) são essenciais para garantir o encaminhamento da relação em uma direção desejável e satisfatória para ambos.

A autorrevelação é importante para o contato inicial e também para as fases seguintes do relacionamento, mas ela pode gradualmente se limitar a certos tópicos, excluindo outros, por acordo mútuo ou não. Em outras palavras, os parceiros acabam desenvolvendo uma cultura do relacionamento, com suas próprias normas e convenções.

Nos tempos atuais, com o avanço das doenças sexualmente transmissíveis e, em particular, com o fantasma da AIDS rondando os relacionamentos, a assertividade é cada vez mais requerida como uma habilidade importante tanto para a consolidação da relação como para a garantia da saúde e de perspectivas futuras. Solicitar ou exigir o uso de preservativo e de exames médicos quando necessários, recusar sexo inseguro e falar abertamente sobre medos e expectativas no campo da sexualidade constituem habilidades de enfrentamento que precisam ser desenvolvidas e exercitadas.

Encerrar relacionamento

> *Tudo flui. A única coisa permanente é o estado de mudança.*
>
> Heráclito

O encerramento de uma relação resulta, frequentemente, em custo emocional para os parceiros, mesmo quando as pessoas são socialmente competentes. Embora os sinais do declínio na qualidade de um relacionamento afetivo possam ir se fazendo visíveis ao longo dos contatos, a dificuldade de percebê-los e a resistência em admiti-los podem requerer, em algum momento, habilidades para lidar com a situação, seja para encerrá-lo, seja para a tomada de decisões conjuntas sobre a forma de reavivá-lo.

Essa situação demanda, entre outras, habilidades de empatia e expressão honesta de sentimentos e opiniões, de avaliação, de negociação e compreensão de perdas e de revisão de planos e expectativas. Quando o compromisso com o relacionamento está presente, os sinais de deterioração são mais facilmente percebidos e os parceiros rapidamente buscam acionar mecanismos para o seu restabelecimento. Nesse caso, as habilidades necessárias são especialmente as de automonitoramento, análise e autocrítica das próprias ações e, ainda, identificar os comportamentos prejudiciais à qualidade da relação, estabelecer metas comuns de mudança e incentivar tentativas na direção estabelecida por ambos.

Expressar raiva e pedir mudança de comportamento

> *Compreendo a fúria em suas palavras, mas não as palavras.*
>
> W. Shakespeare (*Othello*, Ato IV)

Essas são habilidades consideradas centrais na classe de assertividade e enfrentamento. Muitas emoções negativas, como a raiva, o desagrado e a decepção são particularmente difíceis de serem expressas sem afetar a qualidade dos relacionamentos. No caso da raiva, a sua contenção leva a um acúmulo progressivo dessa emoção, o que pode, a qualquer momento, resultar em uma "explosão" diante de uma situação aparentemente pouco estressante. Além disso, a raiva contida pode resultar em conversões psicossomáticas tais como cefaleia, gastrite, colite, úlcera, aftas, ansiedade, medo de descontrole e evitação de contatos sociais.

Portanto, seja para evitar sintomas orgânicos, prevenir problemas de relacionamentos ou mesmo garantir a autenticidade de uma relação, é importante a expressão adequada dos sentimentos negativos de raiva, desagrado e desgosto. Ela não se confunde com o mero desabafo e deve, sempre que possível, ser acompanhada de pedido de mudança de comportamento daquele que, intencionalmente ou não, gera esse sentimento.

Quando reafirmamos a importância da expressão adequada de raiva, não estamos fazendo a apologia de seu livre extravasamento. Essa posição, defendida ainda por muitos, é contestada por dados de pesquisa[15]. Permitir o afluxo da raiva e a sua expressão pode, simplesmente, desenvolver um ciclo que é autorreforçador pelo alívio que traz e/ou pelo efeito que gera no ambiente. O alívio, ou como preferem alguns, a catarse, atua como um reforçador intrínseco, ou seja, teoricamente aumenta a probabilidade de novas expressões desse tipo. Por outro lado, dar vazão à raiva estimula certas áreas do cérebro, dificultando ainda mais o autocontrole. Recomendações, como *esmurre o travesseiro, lute box e dê socos no ar* são pseudoeducativas. Para evitar o mero desabafo, a expressão da raiva deve envolver, portanto, um automonitoramento que provê condições para o controle dessa emoção e favorece o desenvolvimento de maior tolerância à frustração. Objetivando o controle dos sentimentos, a sabedoria popular recomenda a estratégia de "contar até dez", evitando sua expressão no momento de máxima excitação emocional.

Para lidar com situações que envolvem a expressão de raiva ou desagrado com pedido de mudança de comportamento, Bower e Bower[16] propõem um *script* como guia que pode ser resumido nas habilidades abaixo:

✓ referir-se ao comportamento do outro e não à sua pessoa, especificando claramente o foco do desagrado;

✓ expressar os próprios sentimentos diante dos comportamentos considerados inconvenientes do outro;

✓ descrever claramente o comportamento que gostaria que o outro emitisse, solicitando pequenas mudanças de cada vez;

✓ apresentar consequências positivas diante das eventuais mudanças do comportamento na direção solicitada.

---

15. Ver: Goleman, D. (1995). *Inteligência emocional*. Rio de Janeiro: Objetiva (especialmente na p. 36).

16. Bower, S.A. e Bower, G.H. (1977). Os autores descrevem os *scripts* em termos de um acróstico denominado DESC (*Describe, Express, Specify, Consequences*).

Algumas outras emoções podem, também, ser consideradas negativas, no sentido de serem pouco desejadas, tais como a vergonha, a inveja, o medo e a tristeza. A expressão de medo e tristeza usualmente recebe apoio, mas a de vergonha e inveja são socialmente reprováveis e há uma tendência a mascará-las minimizando, justificando ou projetando tais sentimentos. Reconhecer os próprios sentimentos, mesmos aqueles socialmente reprováveis é parte importante do desenvolvimento socioafetivo. O que fazer com eles, se assumi-los ou combatê-los genuinamente, é uma decisão que requer investimento pessoal e, em alguns casos, inclusive, a ajuda de pessoas amigas ou um atendimento terapêutico.

Interagir com autoridades

> Todos são iguais perante a lei, sem distinção de qualquer natureza (...).
>
> A Constituição do Brasil (Capítulo 1, Artigo 5)

Trata-se de uma variante da habilidade de iniciar conversação, porém com algumas características que permitem qualificá-la como mais complexa. Em nossa cultura, há uma tendência a atribuir a pessoas com prestígio em algum campo (político, intelectual, administrativo, religioso, financeiro) um conhecimento generalizado para quase tudo, criando uma noção de inacessibilidade que dificulta a interação. A ideia de aproximar-se para iniciar conversação com autoridades é bastante ansiógena para pessoas que assimilam essa noção e temem o insucesso e prováveis riscos. Esses riscos podem ser reais em algumas dessas situações.

As condições para o exercício dessa habilidade podem envolver: a) compreensão sobre o papel e a legitimidade da posição de autoridade do interlocutor; b) controle emocional da ansiedade; c) discriminação do momento e situação mais adequados; d) clareza e fluência verbal para expor os objetivos do contato; e) flexibilidade para alterar o próprio comportamento em função de alterações imprevisíveis na situação.

As comunidades carentes que precisam reivindicar seus direitos, frequentemente não obtêm os resultados almejados devido às falhas de seus líderes na interação com as autoridades. Em um trabalho que realizamos com jovens desempregados, foi necessário decompor essa habilidade em outras, tais como: apresentar-se, falar sobre um problema de cada vez, fazer perguntas, agendar novos encontros, fazer referências a apoios e contatos com instituições comunitárias e mencionar a imprensa. Esses componentes foram "trabalhados" em situação de grupo, através de várias técnicas, incluindo vivências como as apresentadas neste livro[17]. A perda do receio de interagir com autoridades passa, ainda, pela compreensão de que somos todos iguais perante a lei, como afirma nossa Constituição.

Lidar com críticas

> *Sou mesmo o que os outros dizem de mim?*
> *Ou apenas sou o que sei de mim mesmo?*
>
> Dietrich Bonhöffer

Essa é uma habilidade bastante difícil de ser exercitada e não se confunde com retaliação, desabafo, ofensa e acusação. A resposta a uma crítica pode ocorrer no sentido de aceitá-la, rejeitá-la ou, simplesmente, ignorá-la[18]. A habilidade de lidar com críticas (fazer e receber) depende de uma avaliação que se fundamenta nos seguintes critérios:

a) veracidade (*trata-se de um fato ou de percepção sobre um fato?*);

b) forma (*a crítica foi feita de maneira apropriada?*);

c) ocasião (*o momento foi o melhor?*);

---

17. Del Prette, A. (1982). Treinamento Comportamental junto a população não clínica de baixa renda: uma análise descritiva de procedimento. Dissertação de Mestrado. Pontifícia Universidade Católica de Campinas, São Paulo.
18. Del Prette, Z.A.P. e Del Prette, A. (1999). Obra já citada neste capítulo.

d) objetivo (*trata-se de um desabafo ou de uma tentativa de produzir uma mudança?*).

Se a crítica atende a todos os critérios acima, ela deve ser aceita como uma tentativa de ajuda por parte da outra pessoa. Se o primeiro critério não se aplica, ela deve ser rejeitada, esclarecendo-se ao interlocutor. Se o primeiro critério se aplica e um dos demais não, ela pode ser parcialmente respondida, aceitando-se o seu conteúdo, porém esclarecendo ao interlocutor quanto à sua inadequação nos demais aspectos.

Fazer críticas de forma socialmente competente e construtiva requer alguns cuidados, tais como:

a) dirigir-se diretamente à pessoa, excluindo aquelas não diretamente envolvidas com a situação;

b) orientar-se ao comportamento e não à pessoa em si (*O que você fez – assim, assim – é reprovável...*, ao invés de *Você é uma pessoa reprovável e má!*);

c) controlar a emoção excessiva, evitando o tom de desabafo;

d) adequar-se à situação e às condições do receptor (ser feita em particular e com o cuidado de não provocar excessivo desconforto).

Uma estratégia adequada para fazer crítica tem sido denominada como "técnica do sanduíche" que consiste, resumidamente, em iniciar a crítica apontando alguma coisa positiva do comportamento ou produto do comportamento do outro para, em seguida, referir-se a algo negativo e encerrar com nova referência positiva. Essa técnica reduz o excesso de defensividade que se caracteriza pela negação (*Não fui eu!*), projeção (*Você também agiu assim...*), ironia ou agressividade (*Você é um santinho, né...*), apelar para sentimentos de lealdade (*Não esperava isso de sua parte!*), manifestar autopiedade (*Eu sou assim mesmo; Tenho vergonha de mim*) e outras formas menos comuns.

Algumas vezes pode não ser prudente um enfrentamento (assertividade reativa diante da crítica), por exemplo, quando o interlocutor está emocionalmente perturbado e/ou há alta probabilidade de reação agressiva. Pode-se igualmente, ignorar uma crítica injusta quando quem a fez, por algum motivo (idade avançada ou doença, por exemplo) não tem compreensão sobre a situação.

5. Habilidades sociais empáticas

Uma alegria compartilhada se transforma em dupla alegria; uma tristeza compartilhada, em meia tristeza.

Provérbio sueco

As habilidades empáticas são exercidas como reação a demandas que se caracterizam por uma necessidade afetiva do outro. Tais demandas ocorrem quando o interlocutor experiencia sentimentos negativos (perdas, decepções, constrangimento, vergonha, raiva) ou positivos (boas-novas, sucesso, felicidade) e espera o compartilhamento solidário dos que lhes são significantes ou próximos.

> Assim considerando, pode-se definir a **empatia** como a capacidade de compreender e sentir o que alguém pensa e sente em uma situação de demanda afetiva, comunicando-lhe adequadamente tal compreensão e sentimento.

A definição de empatia comporta, portanto, três componentes:

a) o cognitivo (adotar a perspectiva do interlocutor, ou seja, interpretar e compreender seus sentimentos e pensamentos);

b) o afetivo (experienciar a emoção do outro, mantendo controle sobre ela);

c) o comportamental (expressar compreensão e sentimentos relacionados às dificuldades ou êxito do interlocutor).

Alguém que recebe uma expressão de empatia sente-se geralmente apoiado, confortado e consolado em sua necessidade de compreensão e afeto. A comunicação verdadeiramente empática pode:

a) validar o sentimento do outro;

b) reduzir a tensão, produzindo alívio (consolo);

c) gerar disposição de partilhar dificuldades ou êxitos, estabelecendo ou fortalecendo vínculos de amizade;

d) diminuir sentimentos de desvalia, culpa ou vergonha, recuperando ou aumentando a autoestima;

e) criar ou intensificar um canal de comunicação entre as pessoas;

f) predispor à análise do problema e à busca de solução.

A probabilidade de que esses efeitos ocorram depende de um padrão de comunicação empática que inclui componentes[19] verbais, não verbais e paralinguísticos, caracterizados a seguir:

✓ Verbais. As verbalizações empáticas consistem, geralmente, de fala não avaliativa, centrada na comunicação do interlocutor, indicando reconhecimento de seu conteúdo racional e/ou emocional e sinalizando disposição para algum tipo de ajuda. Elas incluem o uso de perguntas esclarecedoras para ambos, com o incentivo à reflexão (*O que você pensa que pode ocorrer agora?*), a paráfrase (*Você disse que ficou muito abalado...*), a síntese (*Então você decidiu esclarecer tudo com ele...*) e a reflexão dos sentimentos (*É compreensível tudo o que você sentiu...*), acompanhados de sinais corporais de atenção e disposição para ouvir.

✓ Não verbais. Além do conteúdo, a caracterização dessas verbalizações como empáticas depende de sua coe-

---

19. Ver: Golstein, A.P. e Michaels, G. (1985). *Empathy: Development, training and consequences*. New Jersey: Lawrence Erlbaum Associates. Ver, também, em língua portuguesa, os trabalhos de: Garcia, F.A. (2001). Investigando diferentes indicadores de empatia em meninos e sua relação com empatia e ações educativas dos pais. Dissertação de Mestrado. Universidade de São Paulo, Ribeirão Preto (SP); Falcone, E.O. (1998). Avaliação de um programa de treinamento de empatia com universitários. Tese de Doutoramento. Instituto de Psicologia da Universidade de São Paulo, São Paulo (SP).

rência com desempenhos não verbais (contato visual, postura, proximidade e gesticulação).

✓ Paralinguísticos. Refere-se à forma da verbalização (volume, entonação, velocidade, pausas) que deve ser coerente com o conteúdo verbal e não verbal.

Alguns requisitos para o desenvolvimento da habilidade empática incluem o controle do impulso de reação imediata à comunicação do interlocutor, a concentração na perspectiva e nos sentimentos deste, a observação de sinais não verbais presentes na comunicação (tom de voz, olhar, postura, gestos, expressão facial), o controle do padrão habitual de defensividade e o exercício da paciência e sinceridade ao responder perguntas. Neste conjunto, inclui-se a disposição para ouvir, indicada através de componentes verbais e não verbais que facilitam o compartilhamento da experiência, seja positiva ou negativa.

As reações empáticas são muito importantes para consolar ou reduzir o sofrimento. Em nossa sociedade, tanto devido à pobreza de grande parte da população, como da disseminação de movimentos de ajuda com caráter religioso, essa mesma preocupação é, por vezes, deslocada para reações que poderiam ser chamadas *pró-empáticas*.

> **Reações pró-empáticas** são respostas com conteúdo prescritivo ou aconselhativo que, embora possam consolar, geram, na maioria das vezes, atitudes conformistas.

As reações pró-empáticas podem favorecer a percepção de incompreensão, gerar cautela ou desconfiança quanto a partilhar experiências e aumentar os sentimentos de desvalia, culpa ou vergonha. Dificilmente essas reações contribuem para recuperar a autoestima, podendo, ainda, dificultar a análise do problema e a busca de sua solução.

As comunicações empáticas e as pró-empáticas podem ser diferenciadas em relação ao conteúdo e à forma da verbalização. O quadro apresentado a seguir ilustra algumas dessas diferenças.

COMUNICAÇÃO EMPÁTICA	COMUNICAÇÃO PRÓ-EMPÁTICA
⇧ Penso que é bastante razoável a sua indignação.	⇩ Você não deve ficar tão chateada assim.
⇧ Parece que isso o está deixando muito triste.	⇩ Daqui a algum tempo você nem vai lembrar o quanto chorou pelo rompimento do namoro.
⇧ Seu aborrecimento comigo seria devido à crítica que lhe fiz?	⇩ Você não precisa se aborrecer, não leve minhas críticas tão a sério.
⇧ Entendo bem esse seu medo, também já passei por isso.	⇩ Nada justifica o seu medo.
⇧ Sei que não é nada fácil para você enfrentar essa situação.	⇩ A situação não é tão grave como você está dizendo!
⇧ Eu sei que dói, deixa-me abraçá-lo, meu filho!	⇩ Você é valente, quem é corajoso nem sente dor!
⇧ Que notícia boa!!! Fico muito feliz!	⇩ Tá vendo só? Deus tarda, mas não falha!

A verbalização é apenas um dos componentes da expressão de empatia. A demonstração genuína de empatia, nessas falas, deve integrar pensamentos e sentimentos verdadeiramente voltados para o outro, sinalizando disposição de compreensão e ajuda.

6. Habilidades sociais de trabalho

Até há pouco tempo, o setor de trabalho valorizava quase tão somente as competências técnicas em detrimento da competência social nas interações profissionais. Algumas exceções podem ser exemplificadas nas atividades de vendas, recepção, advocacia e magistério. Hoje, com o advento dos novos paradigmas organizacionais, as habilidades sociais profissionais são cada vez mais requisitadas.

As **habilidades sociais profissionais**[20] são aquelas que atendem às diferentes demandas interpessoais do ambiente de trabalho objetivando o cumprimento de metas, a preservação do bem-estar da equipe e o respeito aos direitos de cada um.

---

20. O termo foi inicialmente cunhado por Argyle, M. (1980). The development of applyed social psychology. Em G. Gilmour e S. Duck (Orgs.), *The development of Social Psychology*. London: Academic Press.

Essas habilidades vêm sendo disseminadas através de conceitos como inteligência social, sensibilidade para o trabalho em equipe, inteligência emocional, assertividade, entre outros. Nesta classe, apresentamos quatro habilidades que consideramos importantes para o trabalho, lembrando ao leitor que o domínio dessas habilidades não é requerido apenas no setor do trabalho e não exclui outras, alocadas nas demais classes deste capítulo.

Coordenar grupo

> *Quando a confiança em si mesmo é insuficiente, não se desperta a confiança nos outros.*
>
> Lao-Tsé

Muitas pessoas confundem o papel de coordenar grupo com o de monopolizar a atenção, apresentar as soluções ou convencer os demais quanto à efetividade das próprias propostas. Pode-se conceituar a coordenação de grupo como a capacidade de promover e articular os desempenhos dos participantes em direção à consecução dos objetivos propostos ou previamente definidos. Essa habilidade é geralmente associada ao conceito de liderança.

Uma das qualidades de um bom líder ou coordenador é a de promover o envolvimento e a participação de todos (cf. p. 59), o que implica em habilidades como as de fazer perguntas pertinentes e instigadoras, de diferentes tipos e funções (cf. p. 65), parafrasear, resumir, valorizar as contribuições dos participantes (*feedback* positivo), estabelecer com eles as normas de funcionamento grupal, supervisionar o seguimento dessas normas, expressar disposição e bom-humor, controlar os ânimos em momentos críticos, mediar conflitos de opiniões, relembrar objetivos, incentivar e mostrar os avanços do grupo.

Conforme Hargie, Saunders e Dickson[21], o líder eficaz não é apenas o que garante a execução de uma tarefa pelo grupo, mas aquele que, simultaneamente, garante sua continuidade

---

21. Ver: Hargie, Saunders e Dickson (1981/1994). Obra já citada neste capítulo.

e coesão para outras tarefas. Para a primeira função, definem as habilidades de focalizar o grupo na tarefa (estabelecer com o grupo os objetivos, procedimentos e divisão de responsabilidades), promover contribuições (encorajar, fazer perguntas, garantir a participação de todos), organizar e elaborar as ideias do grupo e encaminhar sua autoavaliação em relação aos objetivos. Para a segunda, destacam as habilidades de aliviar tensões e de apoiar/encorajar a participação de todos.

As habilidades de convencer e de negociar também fazem parte da tarefa de um bom coordenador, especialmente quando as soluções do grupo devem ser consensuais. Nesse caso, grande parte da competência do coordenador depende de sua credibilidade junto ao grupo, dada sua história de defesa dos interesses coletivos e confiança que o grupo deposita em sua mediação.

Falar em público

> *Moisés: Meu Senhor, eu não tenho facilidade para falar, nem ontem, nem anteontem, nem depois que falaste ao teu servo; minha boca e minha língua são pesadas!*
>
> *Javé: Vai, eu estarei em tua boca e te ensinarei o que hás de falar.*
>
> *Moisés: Não, meu Senhor! Envia o intermediário que quiseres.*
>
> (Ex 3,4)

A citação acima mostra que a libertação do povo hebreu do domínio egípcio esteve ameaçada apenas porque Moisés, o principal líder, não se sentia competente para falar a grandes audiências. Moisés, como mostra a passagem, estava ciente de sua dificuldade, chegando então a contrariar seu próprio Deus. Pode-se dizer que ele foi muito competente para falar com autoridade, mas reconhecia sua fraqueza na tarefa de falar ao povo.

Em uma pesquisa[22] conduzida junto a psicólogos participantes de um congresso tradicional da área, a habilidade de falar em público foi por eles considerada entre as mais importantes, porém de difícil domínio. De fato, ela é requerida em vários contextos interpessoais. No ambiente profissional, ela é rotina em reuniões, no treinamento, orientação de tarefas e na apresentação de projetos ou resultados obtidos. Trata-se de uma dificuldade bastante generalizada, tanto que dezenas de livros e cursos autointitulados milagrosos disputam atualmente um mercado ávido por novidades nessa área. A efetividade da maior parte dessas obras é duvidosa, principalmente junto àqueles que possuem baixa competência social em várias habilidades e contextos.

Falar em público é, provavelmente, um dos desempenhos sociais que mais requerem competência, pois, embora *o que* se tenha a dizer possa ser extremamente relevante e valioso, essa atribuição depende muito da qualidade da apresentação. Inversamente, é comum encontrar pessoas com alta competência nessa habilidade a ponto de mobilizarem e convencerem o seu público para ideias e propostas que este não valorizaria se o acesso a tal discurso ocorresse de outra forma (por exemplo, por meio de leitura).

A habilidade de falar em público, além do controle da ansiedade, envolve um conjunto de componentes cognitivos, metacognitivos e interpessoais, requeridos desde o planejamento de uma exposição (quando ela não se dá de improviso) até a sua avaliação final. Os componentes cognitivos referem-se, basicamente, ao conhecimento das características da audiência, ao domínio do conteúdo a ser transmitido e à preparação dos recursos da apresentação. Os componentes metacognitivos compõem-se do automonitoramento ao longo da apresentação e da previsão de estratégias para lidar com as possíveis reações dos ouvintes. Os componentes interpessoais in-

---

22. Ver: Del Prette, Z.A.P., Del Prette, A., Barham, L.J. e Reis, M.J.D. (1999). Desempenho interpessoal do profissional de psicologia: Um estudo exploratório. Trabalho apresentado no Simpósio Habilidades Sociais e Formação Profissional do psicólogo. *Anais VI Latini Dies e II Congresso Brasileiro de Psicoterapias Cognitivas* (p. 23).

cluem habilidades verbais de fazer e responder perguntas, elogiar, resumir e parafrasear contribuições e lidar com críticas e imprevistos. Além disso, são importantes o tom de voz, a velocidade da fala, a terminologia utilizada, o controle do uso de chavões e repetições, o contato visual, os gestos, a postura e a expressão facial.

Resolver problemas, tomar decisões e mediar conflitos

> Os problemas são oportunidades para se demonstrar o que se sabe.
>
> Duke Ellington

As situações de conflito e os problemas coletivos podem ser bem resolvidos quando as pessoas, ou pelo menos aquelas que se encontram em posição de coordenar ou mediar os encaminhamentos de solução, apresentam algumas habilidades sociais, destacando-se as de resolução de problemas e tomada de decisão além das de coordenação de grupo já referidas.

No âmbito das organizações, em todos os setores e níveis hierárquicos, há problemas a serem resolvidos e decisões a serem tomadas. A definição de metas, a reorientação do processo produtivo, a busca de inovação e de novas alternativas de gestão exemplificam a quantidade de demandas para tais habilidades.

A solução de um problema pode ser dificultada por fatores pessoais, como o excesso de ansiedade, a falta de motivação, as dificuldades em processar informações e os déficits em habilidades sociais. Algumas variáveis da situação também atuam como dificultadoras, por exemplo, um contexto muito restrito que não dispõe de parte ou de todos os elementos necessários à compreensão do problema, normas excessivamente coercitivas ou falta de controle sobre os determinantes do problema.

No caso das variáveis pessoais, os estudos dessa área têm proposto um esquema geral de solução de problemas que organiza as etapas comportamentais e metacognitivas desse processo[23]: a) denominação e definição do problema; b) levantamento de alternativas; c) avaliação de cada alternativa; d) escolha de uma alternativa para a tomada de decisão; e c) sua implementação e posterior reavaliação. Embora esse processo pareça estritamente racional, não se pode ignorar a influência dos condicionamentos emocionais que sinalizam, de imediato, as alternativas prontamente descartáveis, reduzindo sua quantidade e, portanto, facilitando uma análise mais acurada daquelas mais relevantes[24].

Quando desenvolvido em grupo, o processo de resolução de problema pode envolver o de tomada de decisão, requerendo um conjunto de desempenhos de coordenação de grupo, de controle emocional e de mediação de conflitos, mas também o conhecimento das etapas acima, de modo a garantir que cada uma delas seja exaustivamente trabalhada antes de passar para a seguinte. Esse domínio é útil tanto para as organizações como para os movimentos populares no exercício da gestão participativa.

Habilidades sociais educativas

> O que fazemos, comparado ao que podemos fazer, é como comparar as ondas da superfície do oceano com a sua enorme profundidade.
>
> W. James

Nesta seção, damos destaque a uma classe geral de desempenho social que também exemplifica a combinação de muitas das habilidades anteriormente descritas e é extremamente importante para educadores, pais e líderes comunitários preocupados em mediarem eficientemente o processo

---

23. Del Prette, Z.A.P. e Del Prette, A. (1999). Obra já citada neste capítulo.

24. Essa tese é elaborada por A. Damásio quando discute o conceito de "marcadores somáticos", um conceito equivalente ao de condicionamento emocional que leva o organismo a identificar rapidamente aquelas alternativas associadas a resultados indesejáveis. Damásio, A. (1996). *O erro de Descartes: Emoção, razão e cérebro humano*. São Paulo: Companhia das Letras.

de aprendizagem[25]. A condução do processo de ensino-aprendizagem remete, necessariamente, para o planejamento de condições de interação entre educador, educando e objeto-de-conhecimento.

É importante destacar também, um conjunto de habilidades requeridas nos contextos familiar, escolar e de trabalho, que se caracterizam pela intenção, explícita ou não, de promover a aprendizagem ou o desenvolvimento do outro. Os desempenhos sociais efetivos da pessoa que se coloca como educador ou instrutor podem ser denominados de habilidades sociais educativas e estão virtualmente presentes em qualquer processo educativo.

> **Habilidades sociais educativas** são aquelas intencionalmente voltadas para a promoção do desenvolvimento e da aprendizagem do outro, em situação formal ou informal.

Em certos contextos, (por exemplo, escola) as demandas para habilidades sociais educativas podem representar o núcleo central das preocupações; em outros (por exemplo, família), podem ter uma função apenas complementar, mas nem por isso dispensável.

O contexto educativo é dinâmico e muitas vezes imprevisível, exigindo mediação competente na condução de interações com e entre alunos e um repertório elaborado de alternativas de desempenho para conduzir o processo de ensino-aprendizagem. Entre as habilidades sociais educativas pode-se destacar: a criatividade para conceber condições variadas de interações educativas, a flexibilidade para mudar o curso da própria ação em função do desempenho do educando, a observação, a análise e discriminação dos progressos obtidos, o encorajamento das tentativas de solução de problemas e a apresentação de novos desafios. Não podem tam-

---

25. Argyle (1967/1994), obra já citada neste capítulo, destaca três funções principais das habilidades sociais profissionais do educador: despertar a motivação, manter a disciplina e transmitir informações e conhecimentos.

bém ser ignoradas aquelas relacionadas à explicação dos conteúdos (clareza, fluência, expressividade, verificação de compreensão e uso apropriado da linguagem, da ênfase, dos exemplos e das pausas.). Hargie, Saunders e Dickson[26] atribuem várias funções à habilidade de explicar: prover e compartilhar informações, simplificar fenômenos complexos, clarificar incertezas e ambiguidades, expressar opinião, ilustrar e demonstrar a execução de técnicas ou habilidades.

Em decorrência de vários programas de promoção de habilidades sociais educativas realizados com professores[27], foi possível identificar quatro classes gerais de habilidades sociais educativas, cujos componentes, no caso da educação escolar, são abaixo resumidos.

a) Habilidades de apresentação das atividades: explicitar o objetivo ou produto esperado da atividade e os comportamentos intermediários requeridos, destacando aqueles que contribuem para o bom andamento da atividade; enfatizar a sua importância e objetivos; estabelecer e liberar conseqüências[28] para os desempenhos e a consecução satisfatória da atividade; promover a participação do aluno por meio de estratégias de condução, como jogos ou brincadeiras, visando despertar curiosidade, motivar, desafiar etc.;

---

26. Hargie, Saunders e Dickson (1981/1994). Obra já citada neste capítulo.

27. Ver: Del Prette, Z.A.P. e Del Prette, A. (1997). Um programa de desenvolvimento de habilidades sociais na formação continuada de professores. Em *Associação Nacional de Pesquisa em Educação (org.), CD-Rom dos trabalhos selecionados para apresentação* (29 p.): 20ª Reunião Anual da ANPED: Caxambu (MG); Del Prette, A., Del Prette, Z.A.P., Pontes, A.C. e Torres, A.C. (1998). Efeitos de um programa de intervenção sobre aspectos topográficos das habilidades sociais de professores. *Psicologia Escolar e Educacional*, 2(1), 11-22; Del Prette, Z.A.P., Del Prette, A., Garcia, F. A., Silva, A.B.T., e Puntel, L. (1998). Habilidades sociais do professor: Um estudo de caso. *Psicologia: reflexão e crítica*, 11(3), 611-623.

28. O arranjo das condições de ensino pode incluir, especialmente no início da aquisição de um novo desempenho (acadêmico ou social), o uso de conseqüências positivas arbitrárias como menções ou prêmios simbólicos. Estas devem, no entanto, ser gradualmente substituídas pelas conseqüências naturais do desempenho, por exemplo, o prazer de aprender e descobrir coisas novas ou a obtenção de uma ajuda quando esta é adequadamente solicitada.

b) Habilidades de transmissão dos conteúdos: expor oralmente com clareza; verificar compreensão; apresentar modelos; fazer pergunta que exige maior ou menor elaboração; fazer pausa para o aluno elaborar a resposta; parafrasear, repetir, complementar e resumir as respostas dadas; encorajar; apresentar a ajuda mínima necessária; esclarecer dúvidas; questionar e pedir reelaboração da tarefa; observar o desempenho; orientar individualmente; corrigir e solicitar mudança de comportamento; prover *feedback*, especialmente o positivo;

c) Habilidades de mediação de interações educativas entre os alunos: chamar a atenção de um aluno para desempenho de outro; direcionar a pergunta de um aluno para o colega; solicitar e valorizar a cooperação, incentivar *feedback* e elogio entre os alunos como forma de estabelecer uma subcultura do grupo nessa direção;

d) Habilidades de avaliação da atividade: explicitar critérios e condições, desenvolver habilidades de autoavaliação dos alunos para que estes também avaliem a atividade, o próprio desempenho e o dos demais.

Pode-se destacar, ainda, a importância de ensinar os alunos a trabalharem em pequenos grupos, promovendo habilidades de estabelecer e respeitar normas, coordenar de forma democrática e efetiva, valorizar e encorajar a participação dos colegas, fornecer *feedback* positivo e pedir mudança de comportamento. O trabalho em pequenos grupos constitui uma das condições para a promoção de habilidades sociais entre os alunos e para o desenvolvimento de atitudes e valores de respeito, tolerância, cooperação e solidariedade.

7. Habilidades sociais de expressão de sentimento positivo

As demandas de afetividade são próprias das relações em que a expressividade emocional é indispensável para a satisfação e/ou manutenção de um compromisso estabelecido ou em vias de se estabelecer. Elas fazem parte do cotidiano de qualquer pessoa saudável, contribuindo decisivamente para a qualidade de vida, o equilíbrio emocional e a harmonia entre as pessoas. Estas são, certamente, as habilidades que mais dependem dos componentes não verbais e exigem menor complexidade dos verbais. Elas estão relacionadas com valores e atitudes das pessoas e são as que mais requerem coerência entre sentimento, pensamento e ação.

Alguns programas de promoção de habilidades sociais se preocupam, talvez excessivamente, com a expressividade de sentimentos negativos. Em nossos programas observamos que muitos participantes mostram-se capazes de contradizer, defender-se, criticar, mas apresentam grande dificuldade de manifestar aprovação genuína, amor e compaixão. Como contraponto, temos enfatizado uma atenção maior à expressão de afeto positivo, especialmente às habilidades sociais empáticas, como as envolvidas em fazer amizade, expressar solidariedade e cultivar o amor.

Fazer amizades

> Procura-se um amigo para gostar dos mesmos gostos; que se comova quando chamado de amigo; que saiba conversar de coisas simples, de orvalho, de grandes chuvas e de recordações da infância.
>
> Meimei

Fazer e manter amizades têm sido consideradas habilidades importantes na vida social. Pessoas sem amigos encontram mais dificuldades para enfrentar os reveses da vida, abrigando durante mais tempo as frustrações, mesmo as comuns, relacionadas ao estudo, ao trabalho ou às relações amorosas. As pesquisas[29] mostram que crianças com pelo menos um amigo íntimo tornam-se mais saudáveis que aquelas que não conseguem sequer um relacionamento desse tipo.

A amizade se caracteriza pela reciprocidade razoavelmente equilibrada de expressão de sentimentos positivos e

---

29. Ver: Trower, P. (1995). Adult social skills: State of the art and future directions. Em W. O'Donohue e L. Krasner (Eds.), *Handbook of psychological skills training: Clinical techniques and applications* (p. 54-80). New York: Allyn and Bacon.

negativos e de atitude voltada para o bem-estar e a felicidade do outro. Essa relação se funda na transparência, verificando-se o frequente exercício de revelar-se ao amigo, tido como confidente. Isso é possível devido a uma disposição (tácita) normativa, própria dessa relação, à aceitação e à interdependência que geram a ajuda mútua. Geralmente as interações entre os amigos são de natureza cooperativa ao invés de competitiva, estabelecendo-se a crítica franca, trocada de forma construtiva.

A maioria dos contextos requer relações de amizade. No trabalho e nas comunidades religiosas, essa demanda tem sido incentivada e as lideranças reconhecem a sua importância para a filiação, a identificação com o grupo, a colaboração, a motivação e a diminuição do absenteísmo ou abandono.

Uma relação de amizade pode se desenvolver naturalmente a partir dos diferentes contextos de convivência, mas também ser buscada propositalmente junto a grupos ou pessoas específicas, como sugere a citação desta seção. Nesse caso, podem ser importantes as habilidades sociais de conversação referidas anteriormente.

Muitas pessoas apresentam facilidade em fazer amizade, mas dificuldade em mantê-las. Essa dificuldade leva a reflexões mais profundas sobre a capacidade de ouvir, expressar carinho e, principalmente, sobre a coerência entre a imagem projetada nas interações iniciais e a que se configura posteriormente. Essa discrepância remete à análise de planos, atitudes e valores pessoais associados à busca de amizades[30] que também podem e devem ser objeto de análise em um programa de Treinamento de Habilidades Sociais.

---

30. Del Prette, Z.A.P. e Del Prette, A. (1999). Obra já citada neste capítulo.

Expressar a solidariedade

> *Pois cada átomo*
> *Que a mim pertence*
> *Assim também*
> *Pertence a ti.*
>
> Walt Whitman

A solidariedade é uma característica do desenvolvimento evolutivo do homem e está ligada à sua sobrevivência. Considerando-se os novos paradigmas culturais[31], ela é atualmente defendida como elemento importante para relações saudáveis. Radicalizando, a não solidariedade poderia ser considerada um desvio, com o qual correm-se riscos como, por exemplo, o da psicopatologia social, que vai da indiferença com a sorte do outro às reações de racismo e agressão coletiva. Lembrando a expressão de Darwin[32]: *A sobrevivência de um organismo depende da sobrevivência de um outro*, a disseminação de uma cultura solidária parece ajustar-se às necessidades biológicas de autopreservação e de manutenção do tecido social, um tanto esgarçado na realidade brasileira atual. No capítulo final deste livro é feita uma análise mais detalhada de questões filosóficas, psicológicas e sociais pertinentes à solidariedade.

O exercício humano da solidariedade desdobra-se em um conjunto de habilidades que se funda na identificação com o outro, enquanto integrante de uma vida interdependente, na compreensão das contingências a que cada um está sujeito e na disposição para oferecer ajuda. A identificação das necessidades do interlocutor (leitura dos sinais por ele emitidos), a expressão do sentimento de compaixão pelo seu sofrimento, as ações humanitárias e as campanhas ecológicas são exemplos de habilidades componentes dessa classe que podem ser promovidas desde as fases iniciais do desenvolvimento infantil.

---

31. Cf. nota 12 do capítulo 3.
32. Darwin, C. (1859). *The origin of species*. J. Murray: London.

A dimensão da solidariedade entre as pessoas se estende a todos os seres vivos e, por extensão, às necessidades do planeta, compreendido não apenas como nosso *habitat*, mas como uma vida em si mesma, sujeita a pulsões próprias que precisam ser compreendidas. Para os que se acanham em expressar solidariedade, chamamos a atenção para a vida notável de Madre Teresa de Calcutá e para a sua exortação:

> Não é o quanto se faz, mas a quantidade de amor que se coloca no que se faz.
> Não é o quanto se dá, mas a quantidade de amor que se coloca no que se dá.

Cultivar o amor

> *O amor nada dá senão de si próprio e nada recebe senão de si próprio.*
>
> G.K. Gibran

O sentimento de amor é um dos mais referidos no cotidiano das pessoas. As muitas formas de amor (maternal, filial, sexual, platônico, à natureza, à humanidade, à arte, aos amigos etc.) geram demandas diferenciadas de expressão desse sentimento. Embora pareça natural ao ser humano, algumas pessoas relatam dificuldade em traduzir a experiência subjetiva de amor em expressão de carinho ou cuidado. Essa expressão não se restringe à comunicação verbal, mas também à gestualidade e principalmente ao carinho físico (toque). A habilidade de tocar é muito importante para o relacionamento amoroso. As dificuldades em dar e receber carinho podem estar associadas a diversos fatores tais como crenças, preconceitos, ansiedade associada a experiências malsucedidas nessa área ou, ainda, a restrições na aprendizagem prévia de dar e receber afeto positivo.

A demonstração de amor se diferencia entre culturas, grupos e pessoas, embora, em geral, seja facilmente decodificada nos pequenos gestos, expressões e ações singulares pelos quais esse sentimento se traduz. O amor conjugal sobrepõe-se à amizade, e não pode ser considerado como sinônimo dela.

No amor, há maior compartilhamento, cuidado e liberdade para a expressividade da emoção. Na educação para o amor, é importante desenvolver a sensibilidade, a autoescuta dos próprios sentimentos, a disponibilidade e preocupação com o outro, bem como formas variadas de expressão de carinho. As experiências com os programas de THS vêm mostrando que o desenvolvimento da sensibilidade e das formas de expressão de amor acontece como produtos paralelos da experiência dos grupos, com os participantes tornando-se mais afetivos entre si e com as demais pessoas com quem se relacionam.

5
O USO DE VIVÊNCIAS EM PROGRAMAS DE TREINAMENTO DE HABILIDADES SOCIAIS

> *Nenhum homem é uma ilha isolada; todo homem faz parte de um continente, uma parte do todo.*
>
> John Done

Em qualquer processo de intervenção sob a abordagem cognitivo-comportamental, a avaliação inicial ou diagnóstico parte da queixa do cliente, buscando-se defini-la, especificá-la e identificar as variáveis intrapessoais e do ambiente, associadas funcionalmente a dificuldades, bem como os recursos e motivações do cliente. Ao final dessa avaliação, torna-se possível definir o tipo de intervenção mais apropriada. Nos casos indicativos de THS, a avaliação subsequente deve refinar as informações sobre o desempenho social do cliente, em suas dimensões comportamental (desempenhos verbais, não verbais e paralinguísticos), situacional (contextos, cultura e interlocutores), fisiológica (indicadores de ansiedade ou disfunções psicossomáticas) e cognitivo-afetiva (percepção social, crenças, metas pessoais, autoestima etc.). Para implementar essa avaliação, vários instrumentos estão disponíveis tais como inventários, *role-playing* breve e extenso, entrevistas padronizadas, fichas para autorregistro etc.[1]

Um programa de Treinamento de Habilidades Sociais (THS) prevê um planejamento que contempla: a) objetivos; b) sequência e duração das sessões; c) procedimentos de

---

1. Para uma descrição detalhada desses instrumentos, o leitor poderá se valer de: Del Prette, Z.A.P. e Del Prette, A. (1999). *Psicologia das Habilidades Sociais: Terapia e Educação*. Petrópolis: Vozes. Ver, também: Caballo, V.E. (1993). *Manual de evaluación y entrenamiento en habilidades sociales*. Madrid: Siglo Veintiuno.

avaliação; e d) procedimentos de intervenção. Há uma diversidade desses programas, cujas características dependem primariamente do referencial teórico adotado. Essa base teórica orienta a maneira de definir e organizar os objetivos bem como a seleção dos procedimentos. É comum a todos os programas, conforme a literatura da área[2], a valorização de procedimentos dialógico-instrucionais, visando a superação de déficits específicos de desempenho e/ou a maximização do repertório de habilidades sociais dos participantes.

Os programas em grupo se caracterizam também por um ambiente de apoio mútuo, baseado nos crescentes recursos interpessoais dos participantes ao longo do processo. É nesse contexto de grupo que se colocam a importância e a pertinência do uso de vivências como parte da metodologia de intervenção.

Quando aplicado à população clínica, o THS pode constituir o método principal de intervenção ou um método complementar; quando aplicado à população não clínica, caracteriza-se como exclusivamente educativo ou preventivo[3]. Em ambos os casos, o método pode incluir o uso de vivências, configurando-se algumas particularidades a cada um deles.

Considerando a população clínica, há indicações claras da importância do uso do THS como método principal em vários quadros nosológicos como depressão, isolamento social e timidez, fobia social, esquizofrenia, problemas conju-

---

2. Ver: Argyle, M. (1984). Some new developments in social skills training. *Bulletin of British Psychological Society*, 37, 405-410; Argyle, M., Bryant, B. e Trower, P. (1974). Social skills training and psychotherapy: A comparative study. *Psychological Medicine*, 4, 435-443; Wallace, C.J. e Liberman, R.P. (1985). Social skills training for patients with schizophrenia: A controled clinical trial. *Psychiatry Research, 15*, 239-247.

3. Ver: Del Prette, A. (1982). *Treinamento comportamental em grupo junto à população não clínica de baixa renda: Uma análise descritiva de procedimento*. Dissertação de Mestrado em Psicologia Clínica. Pontifícia Universidade Católica de Campinas, São Paulo; Del Prette, Z.A.P. (1983). *Uma análise descritiva de um programa de treinamento comportamental em grupo junto à população não clínica de baixa renda*. Dissertação de Mestrado. Universidade Federal da Paraíba.

gais[4] etc. O uso das vivências pode representar um recurso valioso para uma melhor avaliação das dificuldades interpessoais associadas a tais quadros, para a sua superação e para a promoção do desenvolvimento de habilidades mais adaptativas.

Não obstante o cliente com queixa clínica identificar, com maior clareza, suas dificuldades (a exceção dos quadros psiquiátricos graves), ao participar do programa sua capacidade de auto-observação melhora consideravelmente, podendo discriminar outros problemas intra e interpessoais, não necessariamente relacionados às queixas iniciais. Isso facilita a definição de outros objetivos para o processo terapêutico. Os programas de THS planejados como pacotes fechados praticamente inviabilizam o acréscimo de novos objetivos e, pela sua natureza, dificultam a observação do terapeuta sobre esses problemas. O uso de vivências no THS permite ao terapeuta e ao próprio cliente perceberem mais facilmente dificuldades não registradas anteriormente e estabelecerem novas metas em termos de habilidades sociais.

Nos programas de THS destinados à população sem queixa clínica é maior a dificuldade para se avaliar o repertório de habilidades sociais prévio ao seu início. Em geral, os participantes não apresentam grandes dificuldades de funcionamento nos contatos sociais e nos relacionamentos e tendem a se autoavaliarem bastante positivamente nos instrumentos de autorrelato (incluindo a entrevista). Em nossa experiência, temos observado que essas pessoas superestimam seus desempenhos em vários itens de habilidades sociais tais como coordenar grupo, dar *feedback*, aceitar e fazer críticas e elogios. Durante o programa, ao se requerer dos participantes desempenhos específicos nas vivências, torna-se possível identificar com maior clareza suas dificuldades bem como redefinir objetivos gerais para a maioria ou para alguns deles.

---

4. Ver: Gottman, J. e Rushe, R. (1995). Communication and social skills approaches to treating ailing marriages: A recommendation for a new marital therapy called "Minimal Marital Therapy" (p. 287-305). Em W. O'Donohue e L. Krasner (Eds.), *Handbook of psychological skills training: Clinical techniques and applications*. Boston: Allyn and Bacon.

Uma vez composto o grupo, além do ambiente livre de ruídos e interrupções, é necessário organizar o espaço disponível. Usualmente em nossos programas de THS, arranjamos as cadeiras em semicírculo, em uma sala ampla o suficiente para permitir movimentação dos participantes, se possível acarpetada. O facilitador e seu colaborador (quando houver) permanecem sentados à frente. Esse posicionamento das cadeiras permite ao facilitador observar e manter contato visual com todos e, ainda, delimitar um espaço reservado para as vivências. Embora algumas vivências possam ser realizadas com os participantes sentados, a maior parte delas requer movimento e interação que ocorrem nesse espaço.

1. O que é vivência?

Alice: Gato, eu quero sair daqui.
Gato: Para onde, Alice?
Alice: Eu não sei, só quero sair.
Gato: Se você não sabe aonde quer ir, terá que abrir mais portas.

L. Carroll

O termo vivência, do latim *viventia*, é um verbete que, nos dicionários, tem os significados de "o fato de ter vida", "experiência de vida", "o que se viveu", "modos de vida". Todas essas expressões apresentam alguma correspondência com o que de fato acontece nas vivências ao longo de um programa de THS.

> **Vivência** pode ser entendida, então, como uma atividade, estruturada de modo análogo ou simbólico a situações cotidianas de interação social dos participantes, que mobiliza sentimentos, pensamentos e ações, com o objetivo de suprir déficits e maximizar habilidades sociais em programas de THS em grupo.

Tanto pelo conteúdo quanto pela forma, as vivências devem, portanto, propiciar desempenhos e experiências interpessoais significativas que articulam, simultânea ou alternadamente, demandas cognitivas, emocionais e comportamentais, criando oportunidade de observação, descrição e *feedback* por parte do terapeuta ou facilitador e também pelos demais participantes. Adicionalmente, os desempenhos promovidos pelas vivências constituem ocasião para a utilização dos procedimentos usuais do THS como, por exemplo, modelação, ensaio comportamental, modelagem, relaxamento e técnicas cognitivas em geral. Outra vantagem das vivências é o seu caráter interativo, que favorece um ambiente de relações de apoio mútuo, contribuindo para a dessensibilização da ansiedade social.

Concebidas como um método de aprendizagem de habilidades sociais em grupo, as vivências não se confundem com o psicodrama ou a dinâmica de grupo, embora o segundo tenha como foco a dramatização através do *role playing* e o terceiro seja, também, de natureza grupal. O método vivencial, tal como o utilizamos no THS, não se caracteriza como instrumento ou conjunto de procedimentos destinados a exacerbar a emocionalidade e promover a catarse, nem como recurso para identificar conflitos inconscientes. Esses aspectos são importantes para diferenciar esse método de outros enfoques, inclusive do psicodrama e da dinâmica de grupo.

Para alcançar a efetividade do método vivencial, em sua aplicação no THS, deve-se levar em conta alguns aspectos, tais como:

✓ escolher as vivências de acordo com as dificuldades específicas dos participantes e os objetivos previamente explicitados;

✓ adequar o nível de complexidade da vivência às necessidades de alguns ou de todos os participantes, conforme avaliação realizada;

✓ garantir o envolvimento simultâneo de todos os participantes em tarefas diferenciadas mesmo quando o foco da atividade vivencial centra-se em apenas um dos membros do grupo;

- ✓ distribuir, igualitariamente, as oportunidades de participação nas vivências evitando, todavia, rigidez na condução desse critério;
- ✓ incentivar a cooperação intragrupo, respeitando, contudo, as dificuldades daqueles que ainda não desenvolveram essa habilidade;
- ✓ evitar atribuir *status* de fato ou verdade às interpretações sobre relatos de sentimento ou comportamento apresentados no grupo.

Embora não dispondo de dados de pesquisa que comparem a efetividade dos programas de THS com e sem vivências, após utilizar o método vivencial durante muitos anos, podemos hoje apresentá-lo como um complemento importante ao formato usual do THS, em especial (mas não somente) quando aplicado à população sem queixa clínica. Em um estudo controlado sobre um programa de THS em grupo junto a estudantes de Psicologia, denominado Programa de Desenvolvimento Interpessoal Profissional (Prodip), a utilização do método vivencial apresentou resultados bastante positivos[5]. Comparando o grupo participante do programa (experimental) com outro que não recebeu qualquer tipo de intervenção (controle), os resultados mostraram diferenças significativas entre ambos ao final do Prodip, o que não ocorria na avaliação inicial. Essa diferença, favorável ao grupo experimental, manteve-se em nova avaliação, realizada algum tempo após a intervenção, evidenciando estabilidade nas habilidades sociais profissionais e cotidianas que foram alvo do programa.

2. A estrutura das vivências

As vivências apresentadas neste livro foram por nós aplicadas em muitos programas de THS e também por colegas e

---

5. Ver: Del Prette, A., Del Prette, Z.A.P. e Barreto, M.C.M. (1999). Habilidades sociales en la formación del psicólogo: Análisis de un programa de intervención. *Psicología Conductual* (Espanha): 7, 27-47.

alunos em treinamento na condução de grupos[6]. As aplicações realizadas pelos alunos possibilitaram reformular os textos descritivos das vivências, tornando-os mais adequados e autoinstrucionais. Os textos que descrevem as vivências foram organizados em: objetivos, materiais, procedimento de aplicação, variações e observações.

Os objetivos de cada vivência representam metas de intervenção e são caracterizados em específicos e complementares. Os objetivos específicos indicam as habilidades principais pretendidas com a aplicação da vivência. Os complementares constituem subprodutos adicionais que usualmente fortalecem outras habilidades relevantes para o indivíduo e/ou para o treinamento. A definição de objetivos é importante para a escolha e para a organização das vivências em uma sequência de crescente complexidade conforme as necessidades dos participantes em cada etapa do programa.

Os materiais requeridos (por exemplo, lenços, cartões, CDs, cordéis etc.) são facilmente obtidos ou construídos pelo facilitador e sua equipe de trabalho e mesmo pelos participantes do THS. Pode-se destacar aqui, a importância da música e a necessidade de organizar uma seleção musical a partir de várias fontes. As músicas, recomendadas em algumas vivências, foram cuidadosamente testadas.

A descrição dos procedimentos orienta o desempenho esperado do facilitador na condução da vivência, suas explicações ao grupo e temas para análise junto aos participantes. Em geral, essas explicações e análises remetem a conteúdos relacionados à caracterização de cada habilidade específica e a implicações de seu uso no cotidiano. Grande parte do conteúdo dos capítulos 2, 3 e 4 pode ser utilizada pelo facilitador ao conduzir a reflexão sobre o significado das vi-

---

[6]. Até chegar ao formato apresentado neste livro, o texto descritivo das vivências foi várias vezes revisto. Os alunos da disciplina *Psicologia das Habilidades Sociais: Teoria e Prática*, ministrada pelos autores no Curso de Graduação em Psicologia da Universidade Federal de São Carlos, aplicavam as vivências e suas eventuais dificuldades de compreensão do texto que permitiram o seu aperfeiçoamento.

vências e a aplicação das habilidades que estão sendo promovidas por meio delas.

Na maioria das vivências, foram sugeridas variações visando, de um lado, possibilitar a inclusão de novos objetivos e procedimentos e, de outro, prover elementos para aplicações a diferentes clientelas e problemas interpessoais.

O último item de apresentação de cada vivência é o de observações, que contém informações adicionais e referências a reações dos grupos frequentemente encontradas na experiência dos autores.

O tempo previsto para algumas vivências, ou parte delas, deve ser tomado como indicador aproximado no sentido de facilitar o planejamento da sessão e a condução da vivência. Cabe ao facilitador prolongá-lo ou diminuí-lo quando julgar conveniente. É importante, no entanto, que ele explore ao máximo as possibilidades de cada vivência.

3. A utilização das vivências

Como já antes enfatizado, o planejamento de um programa THS supõe uma avaliação ou diagnóstico inicial das dificuldades e recursos interpessoais dos participantes, que deve orientar a seleção e distribuição das vivências nos seus diferentes momentos. Podem-se distinguir pelo menos três períodos do programa com características e objetivos bastante diferenciados: inicial, intermediário e final.

O período inicial de um programa é utilizado para a promoção das habilidades básicas, componentes das mais complexas a serem desenvolvidas posteriormente. Parte destas é entendida como "habilidades de processo", importantes para que o próprio grupo se constitua enquanto agente terapêutico ou educativo. Entre as principais habilidades de processo, podem-se destacar: observar e descrever comportamentos, prover *feedback* positivo, elogiar, fazer/responder perguntas e desenvolver sentimentos positivos em relação aos demais participantes.

> São denominadas **habilidades de processo** aquelas apresentadas pelos participantes que se caracterizam como educativas e/ou terapêuticas na promoção da competência social dos demais, configurando um contexto de apoio mútuo no grupo.

Na etapa intermediária, espera-se que essas habilidades já estejam consolidadas no repertório dos participantes e que novas habilidades sejam aprendidas como, por exemplo, dar *feedback*, fazer leitura do ambiente e automonitorar o desempenho. Os procedimentos de *role-playing* (ensaio comportamental) têm nessa fase um papel importante, pois as dificuldades são, agora, mais facilmente percebidas. Os participantes observam com maior acuracidade suas dificuldades e as dos colegas e inferem a existência de déficits tanto em situação de treinamento como em outras situações. A parte central das sessões é orientada para exporem seus problemas pessoais específicos, procedendo-se, então, ao treinamento das habilidades deficitárias.

Na fase final de um programa, o tempo destinado a responder às necessidades particularizadas e a prover condições para aprendizagens de habilidades complexas e para a generalização é bem maior que nas sessões anteriores. As habilidades mais complexas aqui desenvolvidas são as de enfrentamento, falar em público, lidar com críticas, coordenar grupos, resolver problemas, tomar decisões e expressar empatia e estão relacionadas às características dos grupos, às dificuldades e déficits verificados e aos objetivos de maximização de competência social desejados.

Considerando os três momentos anteriormente referidos, apresentamos, no quadro a seguir, uma sequência razoavelmente lógica das principais habilidades usualmente promovidas em nossos programas de THS, iniciando pelas mais simples e finalizando com as mais complexas.

SESSÕES INICIAIS	SESSÕES INTERMEDIÁRIAS	SESSÕES FINAIS
• Observar comportamentos e interações	• Identificar diferentes reações (assertiva, agressiva e passiva)	• Desculpar-se
• Descrever comportamentos e interações	• Exercitar a automonitoria	• Expressar raiva e pedir mudança de comportamento
• Comunicar-se (não verbais paralinguísticos)	• Fazer leitura do ambiente social	• Resolver problemas/tomar decisões
• Relacionar sentimento-comportamento-cognição	• Iniciar/manter conversação	• Falar em público
• Fazer e responder perguntas	• Opinar/concordar/discordar	• Coordenar grupos
• Apreender noção de direitos interpessoais	• Expressar sentimentos positivos	• Desenvolver solidariedade
• Elogiar/gratificar	• Expressar empatia	• Lidar com críticas
• Compreender e exercitar *feedback*	• Fazer/recusar pedidos	
• Falar de si mesmo		

É importante destacar a necessidade de tomar o plano acima, como exemplo de um esquema geral que precisa ser adaptado a cada grupo conforme as dificuldades efetivamente identificadas. A condução dessas três etapas junto a uma população não clínica pode compor-se de dezoito a vinte sessões, com aproximadamente duas horas de duração cada uma, distribuídas em três meses, perfazendo um total de trinta e seis a quarenta horas.

Antes de optar pelo uso de vivências no THS, é importante considerar também as características do grupo e do tipo de relacionamento já estabelecido entre os seus membros, caso ele exista. As vivências apresentadas neste livro têm uma maior indicação para adultos e adolescentes, entretanto muitas delas são facilmente adaptadas para grupos de crianças. Algumas, no entanto, podem ser contraindicadas para crianças ou grupos de idosos, conforme indicado no item observações, no capítulo sobre as vivências.

Considerando as etapas sugeridas no esquema anterior e supondo-se um grupo com aquelas necessidades, propõe-se, no quadro a seguir, um conjunto de vivências (descritas no próximo capítulo) para cada uma dessas etapas.

SESSÕES INICIAIS	SESSÕES INTERMEDIÁRIAS	SESSÕES FINAIS
• Meu nome é...	• Relâmpagos	• Recolhendo estrelas
• Nosso e o do outro	• Perguntas sem respostas	• Formando um grupo
• Caminhar alterando ritmo e movimento	• Olhos nos olhos	• Trabalhando em grupo
• Caminhos atravessados	• Nem passivo nem agressivo	• Buscando saídas
• Círculos mágicos	• História coletiva oral	• Misto-quente
• Conduzindo o outro	• Contar e modificar história	• A fumaça e a justiça
• Mundo imaginário	• A tarefa de Atlas	• Entrada no céu
• Números poéticos	• O mito de Sísifo	• Sua vez, outra vez
• A descoberta do corpo	• Vivendo o papel do outro	• Perdidos na ilha
• *Feedback*: como e quando	• Inocente ou culpado?	• Regressão no tempo
• Complemento indispensável	• Peça o que quiser	• Avanço no tempo
• Pêndulo	• Corredor brasileiro	
• Quebra-gelo	• Nasce uma árvore	
• Direitos humanos e interpessoais		
• Reconhecendo e comunicando emoções		
• Dar e receber		

Na etapa inicial, emprega-se grande parte do tempo do THS com as vivências, especialmente aquelas que focalizam a coerência e as relações entre pensar, sentir e agir. As habilidades de comunicação verbal e não verbal, envolvendo codificação e decodificação, observação e descrição de comportamentos, bem como exercícios de análise funcional das relações entre as demandas do ambiente, os desempenhos sociais e suas consequências, são objetivos a serem privilegiados na escolha das vivências dessa etapa.

Na etapa intermediária, as vivências são utilizadas principalmente no início e no término da sessão. No primeiro caso, elas têm a função adicional de estimular ou preparar (aquecimento) os participantes para a sessão. No segundo caso, a função de garantir um encerramento confortável para todos. A parte central da sessão é dedicada à análise e intervenção sobre dificuldades específicas apresentadas pelos participantes. Nesse momento, o facilitador pode associar, às vivências, outras técnicas e procedimentos usuais do THS (ensaio comportamental, modelação, relaxamento e procedimentos cognitivos em geral). A perspectiva de modelagem dos desempenhos mais complexos deve estar sempre presente nas reações do facilitador e na sua mediação de *feedbacks* entre os participantes. Em outras palavras, o facilitador deve estar atento às pequenas aquisições em direção às metas dos participantes, valorizando-as imediatamente e garantindo essa valorização pelos demais.

Na etapa final do programa, há uma diminuição do emprego de vivências, embora elas ainda sejam utilizadas, principalmente aquelas voltadas para as habilidades mais complexas e para reflexões existenciais pertinentes à qualidade de vida e de relacionamento.

4. O facilitador de grupo: questões técnicas e éticas

Um programa de THS, utilizando o método vivencial, pode ser realizado com um único facilitador, embora a disponibilidade de mais uma pessoa nessa tarefa seja vantajosa, especialmente se ambos possuem habilidades de condução de grupo.

Neste trabalho, o termo facilitador foi preferido em relação aos termos terapeuta e dirigente porque ele comunica, de maneira mais completa, o papel que essa pessoa exerce sendo igualmente adequado para a aplicação do método vivencial em vários contextos, como, por exemplo, o de trabalho e o escolar, seja em programas profiláticos ou remediativos. O exercício eficiente desse papel implica em preparação técnica e em requisitos éticos.

Em termos técnicos, o facilitador deve dispor de um repertório elaborado de habilidades para conduzir e/ou mediar interações educativas e terapêuticas (cf. capítulo 4) tais como: observação, empatia, liberação de contingências, apresentação de *feedbacks*, coordenação de grupo e outras, complementadas pela motivação de aprender e pela disposição de ajudar. Em última análise, o facilitador precisa conhecer e dominar as habilidades que pretende ensinar.

A condução de um programa de Treinamento de Habilidades Sociais em grupo inclui vários passos: a) avaliação do repertório dos participantes (recursos, dificuldades e necessidades); b) planejamento (número de sessões, seleção de vivências, materiais, definição de objetivos para cada sessão etc.); c) implementação e avaliação das sessões com registro do desempenho dos participantes e do facilitador. A autoavaliação do facilitador é importante para ajustes de seu desempenho ao longo das sessões e pode ser complementada por filmagens. Estas devem contar com o consentimento informado dos participantes, podendo ser utilizadas, também, como procedimento de *videofeedback*. A avaliação final do programa é realizada por meio de instrumentos de avaliação (inventários, entrevistas etc.) e da análise, junto aos participantes, de metas atingidas, generalizações obtidas, aspirações e expectativas futuras etc.

Uma boa competência social é condição necessária, mas não suficiente para o trabalho com grupos em geral e, em particular, na aplicação do THS. Uma questão ética fundamental refere-se à capacitação para tornar-se um facilitador eficiente e, em consequência, pautar-se pelos princípios de solidariedade, aceitação e respeito. Esses princípios foram abordados em várias partes deste livro, principalmente no primeiro e último capítulos.

6
VIVÊNCIAS PARA A PROMOÇÃO DE HABILIDADES SOCIAIS

1. O meu nome é...

OBJETIVOS

Específicos
- Introduzir as pessoas no grupo
- Compreender a importância do nome
- Fortalecer a identidade pessoal/social

Complementares
- Exercitar a atenção
- Manter contato visual

MATERIAIS

✓ Não há.

PROCEDIMENTO

Para realizar essa vivência, o facilitador solicita que todos permaneçam no espaço central da sala. Ao se dirigir a alguns dos participantes, chama-os por outros nomes. Logo então, esclarece que a troca de nomes foi proposital, indagando sobre os sentimentos gerados. Fala resumidamente a respeito da importância do nome para a identidade pessoal-social, a autoestima e as interações sociais. Por exemplo:

> As pessoas são reconhecidas pelo seu nome próprio e da família. Podem existir vários Antônios, mas cada um é uma pessoa única que tem as suas características associadas ao seu nome. Quando nos dirigimos a alguém, é importante chamá-lo pelo nome, pois isso gratifica a pessoa e abre o canal de comunicação.

Solicita que permaneçam levantados e formem um círculo, dando instrução para que cada um, em sentido horário, dê um passo à frente, dizendo com firmeza: *Meu nome é...*, Retornando, em seguida, à própria posição.

Após completar a sequência, repete o exercício, com uma pequena alteração: o participante, além de dizer o seu próprio nome, também deverá dizer o nome da pessoa à sua esquerda, mantendo contato visual com ela: *O meu nome é... e o seu é...*

Terminando a nova sequência, o facilitador pede que os participantes avaliem o que foi feito e deem exemplos das dificuldades nas interações sociais, ocasionadas pelo esquecimento e troca de nomes.

VARIAÇÕES

1. Pode-se variar, solicitando que os participantes digam o nome e acrescentem algo de sua preferência, como, por exemplo, *Meu nome é... e meu time de futebol preferido é...* Nesse caso, a vivência pode ter como objetivo a preparação para a autoexposição em grupo.

2. Dependendo do grupo, pode-se exigir mais nessa vivência: dizer o nome da segunda pessoa à esquerda, terceira à direita etc., ou sequência maior de nomes.

2. O nosso e o do outro

OBJETIVOS

Específicos

- Avaliar os próprios medos e expectativas
- Identificar-se com o grupo
- Falar sobre as próprias dificuldades em grupo
- Compreender que medos e dificuldades não são exclusivos e sim compartilhados
- Compreender a necessidade de estabelecer metas realísticas

Complementares

- Organizar-se em grupo
- Expor-se ao grupo

MATERIAIS

✓ Papel sulfite, lápis, giz e quadro (lousa).

PROCEDIMENTO

Divide-se o grupo em subgrupos com quatro a seis participantes, sem dar conhecimento de que vão trabalhar na mesma tarefa. Caso o espaço comporte, separa-se o grupo em locais extremos da sala ou retiram-se alguns para outro ambiente. O facilitador solicita a cada grupo que discuta e faça um levantamento dos medos e expectativas que provavelmente o outro grupo sentirá no decorrer do treinamento. Entrega a cada grupo uma folha de papel em branco, pedindo que nomeiem um coordenador e uma pessoa para fazer as anotações necessárias. A tarefa deve ser completada no prazo de dez minutos aproximadamente.

O facilitador acompanha o desenvolvimento do trabalho e, tendo os grupos completado sua tarefa, pede que se reúnam novamente e que cada grupo relate, uma a uma, as expectativas atribuídas ao outro. A pessoa encarregada das anotações faz a transcrição para a lousa. Após as transcrições, o facilitador solicita que comparem as concordâncias e discordâncias existentes entre os levantamentos dos grupos. Procede da mesma forma em relação aos medos e aproveita para explicar que muitos dos medos e expectativas são comuns à maioria das pessoas.

Para finalizar, discute-se:

a) a tendência de projeção de medos e expectativas;
b) a racionalidade e irracionalidade dos medos;
c) o medo irracional como problema a superar;
d) as expectativas realísticas e não realísticas;
e) a expectativa como meta a ser planejada.

VARIAÇÕES

1. Nas instruções iniciais, pode-se solicitar que os subgrupos façam uma avaliação de importância (de zero a dez) para cada expectativa ou medo, produzindo-se, assim, uma hierarquia. Na discussão, cada subgrupo confirmará ou não a importância atribuída pelo outro antes de comparar as avaliações dos dois grupos.

2. Outra possibilidade a ser explorada, independente de quantos grupos são formados, é a de atribuir a alguns a tarefa de relatar os próprios medos e expectativas, comparando-os depois com os demais.

OBSERVAÇÃO

Geralmente os medos relatados nesta vivência refletem as dificuldades mais comumente encontradas, tais como: falar em público, falar de si e autorrevelar-se e receber críticas.

3. Caminhar alterando ritmo e movimento

OBJETIVOS

Específicos

- Aprimorar a consciência dos movimentos corporais
- Desenvolver a flexibilidade corporal-cinestésica
- Controlar o ritmo do movimento e da postura corporal
- Identificar sentimentos associados à situação vivenciada
- Observar e descrever comportamentos dos demais participantes

Complementares

- Descontrair-se no grupo
- Exercitar a atenção

MATERIAIS

✓ Aparelho de som e CDs ou fitas gravadas.

PROCEDIMENTO

Nesta vivência, solicita-se que os participantes retirem os sapatos e caminhem em silêncio, modificando, à sua escolha, o ritmo e o movimento natural. Logo após o início da tarefa, o facilitador liga o aparelho de som e fornece instruções para:

a) caminhar em "câmara lenta" para facilitar a consciência dos movimentos e do ritmo;

b) alterar os movimentos dos braços e virar a cabeça vagarosamente de um lado para outro e, em seguida, para baixo e para cima;

c) ajustar o movimento ao ritmo da música (mais rápido ou mais lento);

d) prestar atenção à música e se imaginar caminhando ora com dificuldade, ora como se flutuasse.

O facilitador interrompe a caminhada após cerca de cinco minutos ou quando percebe sinais de cansaço nos participantes. Na sequência, avalia o que sentiram, se perceberam os próprios movimentos e ritmo, o que foi mais difícil realizar e por quê.

VARIAÇÃO

Com grupos de crianças e de adolescentes podem-se alternar as músicas, utilizando ritmos diferentes, previamente gravados em fita cassete para essa finalidade como, por exemplo, trechos de chorinho, maracatu, samba, *rock*, valsa etc.

OBSERVAÇÃO

Recomenda-se a utilização de músicas instrumentais do tipo "clássica" e "clássica ligeira" mesmo para grupos de crianças ou adolescentes, quando se pretende diminuir a excitação. Por exemplo: W.A. Mozart (*Classic Masters*).

4. Caminhos atravessados

OBJETIVOS

Específicos

- Aprimorar a consciência dos movimentos corporais
- Observar e descrever comportamentos dos demais participantes
- Ajustar o desempenho às modificações da situação
- Dessensibilizar-se para o contato com o outro

Complementares
- Identificar sentimentos associados à situação vivenciada
- Desenvolver a flexibilidade corporal-cinestésica

MATERIAIS

✓ Não há.

PROCEDIMENTO

Os participantes do grupo são divididos em dois conjuntos: grupo de vivência (GV) e grupo de observação (GO). Ao GO é solicitada a tarefa de observar atentamente o desempenho de seus colegas e tudo o que acontece. Os membros GV são colocados em diferentes pontos da sala, próximos das extremidades das paredes. O facilitador instrui que, alternadamente, caminhem até o lado oposto e retornem de costas ao ponto de partida. Durante o trajeto, solicita a todos ou a alguns, que modifiquem o ritmo da caminhada, ora mais devagar, ora mais rapidamente, virem para o lado direito, para o esquerdo etc. Após aproximadamente três minutos, solicita que interrompam a caminhada e permaneçam no local em que se encontram.

Em seguida, avalia a experiência com o grupo, podendo induzir a discussão com questões do tipo:

a) *Como se sentiram?*
b) *Que estratégias utilizaram para evitar as colisões?*
c) *Conseguiram prestar atenção ao próprio corpo e aos movimentos?*

Com o GV utiliza outras questões, por exemplo:

a) *Observaram os movimentos dos demais?*
b) *O que observaram de curioso ou interessante?*
c) *Quais foram as descrições mais realísticas?*

VARIAÇÕES

1) Durante a vivência, o trajeto realizado por alguns participantes pode ser alterado, solicitando-se que caminhe em ziguezague, em ondas (S), desenhando-se um "oito",

um xis (x), uma escada etc. Além disso, pode-se graduar a velocidade de alguns ou de todos os membros do grupo.

2) Antes de iniciar a vivência, o facilitador pode atribuir a alguns participantes a tarefa de observar mais detalhadamente o comportamento de outro para imitá-lo posteriormente.

3) Pode-se usar música variando-se o ritmo para os participantes se ajustarem a ele.

OBSERVAÇÃO

1) Essa vivência ao ser utilizada com grupos de crianças em idade de pré-alfabetização permite verificar entre outros aspectos importantes: a capacidade de seguir instrução, imitar e memorizar e, também, o domínio de lateralidade e equilíbrio.

2) A escolha do número de participantes para iniciar a vivência pode variar, em primeiro lugar, em função do número de participantes do grupo e, em segundo, o lugar do planejamento da própria sessão como um todo.

5. Círculos mágicos

OBJETIVOS

Específicos

- Desenvolver a percepção de espaço interpessoal[1]
- Avaliar estratégias de controle de proximidade/distanciamento nas interações sociais
- Reconhecer diferenças no próprio espaço pessoal associado a diferentes pessoas
- Identificar sentimentos associados à proximidade/distanciamento de outras pessoas

---

1. Espaço interpessoal é a distância que guardamos em relação a outras pessoas nas interações. A regulação desse espaço é estudada por uma área denominada proxêmica. Ver Del Prette, Z.A.P. e Del Prette, A. (1999). Psicologia das habilidades sociais: Terapia e Educação. Petrópolis: Vozes.

Complementares
- Reconhecer aspectos não verbais do desempenho
- Compreender a necessidade da vida social

MATERIAIS

✓ Giz, barbante, lápis, papel e lousa.

PROCEDIMENTO

O facilitador desenha com giz, no piso, quatro círculos, ou forma os círculos com barbante um dentro do outro com cerca de 40 cm de distância entre si, solicitando que um dos participantes ocupe o círculo central. Em seguida, indica outra pessoa do grupo para dirigir-se vagarosamente em direção a ela. A que está no centro recebe a instrução para interromper a aproximação do colega quando se sentir incomodada.

A vivência é retomada, com novas pessoas ocupando o círculo, com a mesma tarefa, porém relacionando-se com pessoas que recebem diferentes papéis, tais como: amigo, jornaleiro, vendedor, policial etc.

Ao final, o facilitador discute aspectos ligados à forma como usualmente percebemos a proximidade do outro em diferentes papéis e contextos e quais as estratégias que adotamos para manter certas pessoas mais distanciadas do que outras no cotidiano. O facilitador explica que a tolerância a uma maior proximidade depende, em geral, da cultura, exemplificando que, enquanto certos povos árabes se mantêm muito próximos uns dos outros, os ingleses, diferentemente, preferem maior distanciamento.

VARIAÇÕES

1. Esta vivência pode também ser realizada sem desenhar os círculos concêntricos no piso. Nesse caso, eles seriam inferidos posteriormente, a partir das reações das pessoas, ou representados em uma lousa.

2. No trabalho com jovens pode ser incluída a história que segue, antes de se iniciar a vivência, pedindo-se que

a analisem em subgrupos. A análise deve ser focalizar principalmente o sentido metafórico da história.

A vara de porcos-espinhos

Em uma época muito remota, em que o clima da Terra ainda não estava completamente definido, um grupo de porcos-espinhos fazia de tudo para tentar sobreviver ao frio intenso que parecia não ter mais fim. Os porcos-espinhos corriam vigorosamente de um lado para o outro buscando aquecer seus corpos e caminhavam horas e horas em direção ao Sul, procurando regiões mais quentes. Tudo inútil! A cada dia, um ou dois membros do grupo morriam enregelados.

O risco de todos perecerem era considerável! Então o mais experiente do grupo afastou-se para meditar, procurando uma solução. Algum tempo depois procurou os companheiros e propôs que todos, daquele momento em diante, ficassem bem perto uns dos outros que assim seriam salvos dessa terrível tormenta que se abatia sobre o grupo. Seguindo o conselho do mais sábio, os demais se aproximaram uns dos outros e aos poucos verificaram que uma estranha e agradável onda de calor aquecia seus corpos quase congelados. Tudo corria bem e ninguém mais morreu nos dias seguintes.

Aconteceu que após algum tempo, ao estarem bem próximos uns dos outros, começaram a ocorrer espetadas e, consequentemente, as reações apareceram... Como se sentiam fortalecidos pelo calor, as formas de reagir às espetadas se tornaram cada vez mais violentas e as mortes foram surgindo novamente. O velho porco-espinho, angustiado e entristecido, ausentou-se do bando para refletir. O que fazer para pôr um paradeiro àquela situação? Pensou, pensou por muitas horas e convocou o grupo para uma assembleia, dizendo mais ou menos estas palavras:

– Companheiros, temos que viver próximos uns dos outros para nos salvar desse inverno que parece interminável. Porém, como ao se aproximar cada um fere o outro e isto provoca reações violentas, proponho que nossa proximidade nunca ultrapasse o dobro do tamanho de nosso maior espinho. Isso nos garantirá calor e paz!

Suas palavras foram encerradas sob aplauso geral. Os porcos-espinhos sobreviveram até os dias de hoje.

OBSERVAÇÕES

A vivência permite verificar participantes que se sentem excessivamente incomodados com a proximidade de outrem e, nesses casos, há necessidade de procedimentos adicionais previstos em outras vivências, como, por exemplo, as de número 13 (Quebra-gelo), 28 (Corredor brasileiro) e 12 (Pêndulo).

O texto "A vara de porcos-espinhos" é uma versão baseada na história homônima do livro *Oficina de Filosofia para crianças*, organizado pela Pastoral do Menor da CNBB.

6. Conduzindo o outro

OBJETIVOS

Específicos

- Exercitar a solidariedade
- Refletir sobre as dificuldades do cotidiano como ocorrências a que todos estão sujeitos
- Refletir sobre quem são as pessoas (valores, *status* etc.) que costumamos imitar
- Exercitar a análise de metáforas e simbolismos

Complementares

- Ajustar a forma da ajuda às necessidades da outra pessoa
- Observar e descrever comportamentos
- Exercitar a orientação espacial

MATERIAIS

✓ Lenços escuros para vendar os olhos.

PROCEDIMENTO

Esta vivência pode ocorrer com a participação de todos ou de uma parte do grupo (GV – Grupo de Vivência). Neste caso, é atribuída aos demais a tarefa de observação (GO – Grupo de Observação). A vivência pode ser considerada como possuindo três fases distintas.

Na primeira, os participantes são solicitados a realizar uma caminhada livre. Decorridos cerca de dois minutos, o facilitador suspende a caminhada, pedindo que cada um relate a própria experiência. Ao GO solicita que descreva rapidamente os comportamentos das pessoas.

Em seguida, o facilitador indica algumas pessoas para retomarem a caminhada, prevendo-se duas condições de desempenho: alguns caminharão com os olhos vendados e outros com eles abertos. Após alguns segundos, realiza-se nova avaliação e alterna-se a situação: os que caminharam com os olhos vendados o farão com eles abertos e vice-versa. Outra vez a experiência é avaliada.

Na segunda fase, o facilitador divide os participantes em pares: uma pessoa da dupla é solicitada a caminhar de olhos vendados e a outra recebe a incumbência de guiá-la.

Na terceira fase da vivência, o facilitador inverte os papéis e em seguida solicita que ambas caminhem com olhos vendados e que decidam quem irá guiar o colega.

Ao encerrar cada fase, o facilitador solicita aos que foram conduzidos que avaliem a ajuda recebida, e os sentimentos que experimentaram durante a caminhada e que o GO descreva os diferentes tipos de ajuda verificados.

Ao final discutem-se com todo o grupo as possíveis analogias da experiência com a vida real, propondo-se uma análise da metáfora bíblica: *Cegos conduzindo cegos, ambos cairão no abismo.* Para facilitar os *insights* do grupo, o facilitador faz perguntas como:

a) *O que a gente faz quando se encontra em grande dificuldade?*

b) *Existem momentos em que as pessoas têm dificuldade em saber para onde vão ou que decisão tomar?*

c) *Deixar-se conduzir ou imitar outras pessoas são a mesma coisa? Por quê?*

d) *Quem são os modelos que imitamos (valores, discernimento, bom-senso, equilíbrio)? Que tipo de pessoas pode nos auxiliar em nossas dificuldades?*

e) *O que ocorre quando somos guiados ou modelados por pessoas que não sabem para onde estão indo?*

VARIAÇÕES

1. Introduzir obstáculos no espaço de vivência, por exemplo, cadeiras, bancos, almofadas etc. quando uma pessoa conduz a outra que realiza a tarefa com os olhos vendados.

2. Dar opção para os participantes negociarem a formação das duplas.

3. Repetir a vivência conduzindo duas pessoas ao ponto inicial (centro da sala), vendando seus olhos e levando-as até outros locais, indo e vindo algumas vezes para dificultar a orientação, solicitando-lhes, ao final, a tarefa de retornarem ao ponto original.

OBSERVAÇÕES

1. Na fase em que caminham com os olhos vendados (sem guia), os participantes geralmente relatam insegurança, medo, ansiedade, desconforto e sensação de desequilíbrio.

2. Na fase em que se configura a ajuda, as pessoas incumbidas de conduzir usualmente relatam sentimentos de responsabilidade, cuidado e solidariedade, enquanto que os conduzidos fazem referência a sentimentos de confiança e gratidão.

3. É recomendável retirar qualquer obstáculo (cadeiras, por exemplo) quando todos estiverem caminhando com os olhos vendados para evitar colisões.

4. Esta vivência é também muito útil para promover uma reflexão sobre a importância da empatia em relação a pessoas com deficiência visual.

7. Mundo imaginário

OBJETIVOS

Específicos

- Perceber a relação entre os pensamentos (formação de imagens) e os sentimentos e comportamentos
- Desenvolver a solidariedade
- Solicitar ajuda quando está em dificuldade
- Analisar metáforas relacionadas à vida

Complementares
- Controlar o ritmo do movimento e a postura corporal
- Exercitar a atenção

MATERIAIS

✓ Aparelho de som e CDs ou fitas gravadas.

PROCEDIMENTO

O facilitador solicita que todos retirem inicialmente os sapatos e que cada um procure se envolver pelas instruções e pela música, imaginando viver as situações que serão descritas. Em seguida, passa a dar instruções com entonação variada de acordo com o contexto e a situação descritos, introduzindo pausas maiores em alguns momentos da narrativa e aumentando o som nessas ocasiões. Ao reiniciar a narrativa, o volume do som é diminuído para possibilitar a audição da fala.

> *Vocês estão caminhando em um terreno íngreme, de difícil locomoção. Estão cansados, muito cansados...*
>
> *Agora, o terreno está plano e vocês chegam a um gramado. A relva molhada refresca os pés e as árvores frondosas proporcionam sombra agradável. Continuem a caminhada...*
>
> *De repente, modifica-se o terreno, muitas pedras... Seixos pontiagudos podem machucar-lhes os pés... Mas vocês não podem parar... Cuidado com as pedras... Sigam em frente! Vamos! Além das pedras, aparecem também espinhos... Muitos espinhos...*
>
> *Finalmente o terreno melhora... As pedras se espaçam. Agora começa a chover. Chuva forte, com muito vento, que dificulta a caminhada. Além do mais, a terra molhada começa a ficar escorregadia e vocês têm dificuldade em manter o equilíbrio. É preciso caminhar: chuva, frio, terreno liso, muito cuidado... Continuem a caminhar. Quanta dificuldade!... Vocês estão escorregando...*
>
> *E então a chuva lentamente vai parando. O vento diminui... Adiante vocês observam um lago... A areia*

fina é muito agradável ao contato dos pés. O sol aquece o corpo... O caminhar agora é tranquilo... Tudo é agradável...

Durante o processo, o facilitador observa o comportamento dos participantes. Encerrando-se esta fase da vivência, solicita um relato pessoal da experiência e uma análise da relação entre comportamento e imagens mentais. Caso não tenha ocorrido a busca ou oferecimento de apoio entre os participantes nos momentos difíceis, pede ao grupo que descreva por que isso não ocorreu, procurando ajudar na análise.

Para finalizar, solicita ao grupo uma reflexão da vivência como uma metáfora em relação à vida.

VARIAÇÕES

1. Dividir o grupo em dois (GO/GV), solicitando ao GO a observação do desempenho dos participantes do GV, para em seguida alternar os grupos.

2. Durante a vivência solicitar a um dos participantes (instrução cochichada para que outros não percebam), que: a) caia no chão e demonstre dificuldade para levantar ou b) escolha um participante que (conforme a narrativa) esteja encontrando muita dificuldade e procure demonstrar solidariedade auxiliando-o.

OBSERVAÇÕES

1. Diferentes compositores e estilos musicais podem ser utilizados. Recomendamos trechos de *Quatro Estações* de Vivaldi e da ópera *Carmina Burana* de Carl Orff, sincronizados aos diferentes momentos da vivência.

2. Em geral, quando todo o grupo é colocado como GV, as pessoas têm agido de forma individualística, sem expressar solidariedade e sem procurar ajuda. Quase invariavelmente ocorre apoio entre os participantes na segunda etapa, quando há um GO que observa e depois desempenha (GV).

3. A condução adequada dessa vivência depende, em grande parte, da fala audível, do uso apropriado da música e

da ênfase colocada nas várias situações pelo facilitador e no uso apropriado do som. As pausas devem ser obedecidas e a instrução através da leitura do texto não é recomendada. O facilitador poderá utilizar uma ficha com partes das instruções como forma de orientá-lo na condução da vivência.

8. Números poéticos

OBJETIVOS

Específicos

• Reconhecer a importância de componentes paralingüísticos da comunicação
• Melhorar os desempenhos paralinguísticos e não verbais da comunicação

Complementares

• Exercitar a cooperação
• Dar e receber *feedback*
• Elogiar

MATERIAIS

✓ Cartões ou tiras de papel com inscrições numéricas tais como:

Cartão 1: | 1, 2, 3, 4, 5, 6, 7, 8, 9, 10, 11, 12, 13, 14 |

Cartão 2: | 10, 11, 12, 13, **14, 15, 16,** 17, 18, 19, 20 |

Cartão 3: | 2, 4, 6, 8, 10, 12, 14, 16, 18, 20 |

Cartão 4: | 101, 102, 103   104   105   106   107, 108, 109 |

PROCEDIMENTO

O facilitador escolhe dois participantes com bom domínio no uso de recursos paralinguísticos[2] (modulação da voz, entonação de acordo com conteúdo da mensagem verbalizada e regulação da velocidade da fala) e do canal não verbal de comunicação (postura, gestualidade e expressão facial), entregando ao primeiro o cartão 1 e ao segundo o cartão 2. Pede que cada um leia os cartões como se fossem poesias: o primeiro de forma épica e o segundo de forma romântica. Caso necessário, o facilitador apresenta exemplos, lendo trechos de poesias com as entonações apropriadas ao estilo romântico e ao épico.

Em seguida solicita, aos demais, *feedback* e elogio ao desempenho dos declamadores.

Sucessivamente, chama outras duplas para participarem, utilizando outras "poesias numéricas", entregando os demais cartões e pedindo atenção para o tamanho das letras e espaçamento entre elas. Esses aspectos devem ser traduzidos em maior volume de voz (no caso do tamanho) e em regulação da velocidade (no caso do espaçamento). Cada apresentação é seguida de solicitação de elogios e *feedback*.

VARIAÇÕES

1. Uma variação interessante é atribuir a mesma poesia a dois participantes que devem, após breve ensaio realizado em outra sala, apresentarem-se em dupla, "calibrando" ou alternando seus desempenhos.

2. Pode-se ainda, ao invés de números, utilizar palavras ou frases, tais como: caneta escreveu no rio; cadeira sentada na feira da esquina; bolo fugiu da barriga da perna; estrela no chão do sapato furado; criança feliz deu risada de luz; caminho descaminhando carinho destituído. As

---

2. O leitor pode encontrar uma análise detalhada de cada um desses componentes em: Del Prette, Z.A.P. e Del Prette, A. (1999). *Psicologia das habilidades sociais: terapia e educação*. Petrópolis: Vozes.

frases podem ser apresentadas (como exemplificado) ou elaboradas pelas pessoas do grupo.

OBSERVAÇÕES

1. As pessoas com maior dificuldade em fluência ou variações na tonalidade da voz devem ser incentivadas a "treinarem" a exploração de suas possibilidades paralinguísticas, fora da sessão, e a avaliarem o efeito dessas variações sobre as demais pessoas. Também podem, elas próprias, organizarem recursos de treinamento (poemas variados, outros textos etc.).

2. Esta vivência foi adaptada de tertúlias (reuniões familiares e entre amigos) comuns das cortes portuguesa e brasileira, descritas nos relatos e romances da época, quando jovens apaixonados eram forçados pelos seus colegas a fazerem declarações às suas preferidas, utilizando mensagens aparentemente sem sentido (no conteúdo), mas reveladoras de seus sentimentos, pela forma com que se apresentavam.

3. É muito comum, na apresentação dessa vivência, que o grupo se descontraia, podendo ocorrer risos e comentários jocosos. O facilitador deve estar atento para não perder de vista o objetivo do treinamento, evitando os excessos.

9. A descoberta do corpo

OBJETIVOS

Específicos

- Desenvolver o autoconhecimento
- Reduzir bloqueios em relação à aparência física
- Valorizar o corpo e melhorar a autoestima

Complementares

- Avaliar a autoimagem corporal
- Ensaiar contato visual
- Valorizar aspectos positivos de si e do outro

MATERIAIS

✓ Espelho grande

PROCEDIMENTO

Esta vivência compõe-se de duas fases que podem também ser realizadas independentemente em diferentes momentos. Alguns dos participantes são convidados à participação como GV; os demais (GO) recebem a incumbência de observar atentamente. O facilitador pede que as pessoas retirem seus sapatos, descubram seus braços e examinem detalhadamente, em primeiro lugar as próprias mãos, uma de cada vez, depois os braços, o tronco, as pernas e os pés. Pergunta, em seguida, qual parte do corpo elas gostam mais e qual gostam menos.

Na segunda fase, o GV cede lugar ao GO pedindo-se então, a cada um dos participantes, que se examine diante de um espelho: o rosto (cabelos, nariz, olhos, orelhas), tronco (pescoço, peito, ombros, abdômen, nádegas) e membros (mãos, braços, pernas e pés). Como na primeira etapa, faz-se a verificação do que gostam mais e do que gostam menos.

Abre-se em seguida a discussão com a participação do GO, que deve narrar as observações realizadas. No caso de algum participante apresentar autoavaliações excessivamente críticas, revelando problemas de autoestima, o facilitador pode instigar outros participantes a expressarem suas avaliações, valorizando aspectos positivos já apresentados e/ou contestando o excesso de criticismo.

VARIAÇÃO

Em alguns casos, quando determinados participantes se mostrarem muito negativistas a respeito de partes de seu corpo, o facilitador pode relatar a história que segue cuja temática aborda o autocriticismo levado ao extremo.

> A história localiza-se no Oriente, em época remota e inicia-se com uma pessoa procurando um mestre, em busca de conforto. Ao encontrá-lo esta pessoa lamenta-se e queixa-se da vida, pois se considerava muito feia. O mestre a ouve calado sem, no entanto, manifestar qualquer sinal de pena ou simpatia. Interrompendo as queixas, o mestre lhe diz:
>
> Ouvi o seu discurso, mas estou preocupado com algumas pessoas coxas, vesgas, manetas, tortas e com outros problemas. Apesar disso, posso ajudá-la a desembaraçar-se do que supõe ser o objeto de seu desgosto. Dar-lhe-ei duas pedras preciosas pelas suas mãos, que não são tortas, uma bolsa com muito dinheiro pelas suas pernas que você acredita finas e três bolsas por apenas um de seus olhos...

OBSERVAÇÕES

1. Surpreendentemente não são poucos os participantes que relatam dificuldade para se olharem no espelho. Possivelmente isso se relaciona com a autoestima rebaixada, a autocrítica exagerada ao próprio corpo e atratividade e a dificuldade de contato visual.

2. Esta vivência permite identificar os participantes com maior ou menor confiança em sua atratividade física, autoestima e aqueles que têm dificuldade de manter contato visual consigo mesmo. Ocorrendo recusa de olhar-se no espelho, o facilitador não deve insistir. Uma alternativa é solicitar que o participante comece a fazer isso gradativamente, utilizando todas as oportunidades que encontrar. Se houver necessidade, o facilitador pode associar outros procedimentos durante as sessões de treinamento.

10. *Feedback*: como e quando

OBJETIVOS

Específicos

- Compreender as relações sociais como processos de interdependência mediados pelo *feedback*
- Refletir sobre a importância do *feedback* positivo
- Motivar-se para utilizar o *feedback* positivo sempre que possível
- Exercitar a habilidade de dar e pedir *feedback*

Complementares

- Observar e descrever comportamentos
- Manter contato visual
- Chamar o interlocutor pelo nome
- Familiarizar-se com o conceito de *feedback*

MATERIAIS

✓ Fichas, cartolinas, revistas, tesouras, lousa.

PROCEDIMENTO

Nesta vivência, o facilitador começa por explicitar a importância do uso do *feedback* positivo no cotidiano social e as consequências de sua ausência em termos de desajustes nas relações de trabalho, amizade, casamento etc.

Faz referência às regras fundamentais para exercitar a habilidade de dar e pedir *feedback*, destacando seus aspectos funcionais e formais (ver capítulo 4), apresentando exemplos na lousa.

Após essa explicação, o facilitador solicita que algumas pessoas lhes deem *feedback* sobre o seu próprio desempenho naquela exposição. Essa é uma maneira de apresentar modelo de pedir *feedback* e, ainda, de criar oportunidade imediata de testar a aprendizagem dos conceitos transmitidos.

Em seguida, solicita que alguns dos participantes deem *feedback* ao *feedback* apresentado por outros anteriormente (*feedback* do *feedback*) ou a desempenhos observados em situação fora do treinamento.

VARIAÇÕES

1. O facilitador pode fazer uma breve exposição sobre o conceito e características do *feedback* social, explorando recursos audiovisuais e multimídia, antes da vivência propriamente dita (ver cap. 4).

2. O facilitador pode criar uma atividade prévia, indicando duplas que devem observar-se mutuamente e pedindo depois que deem-se *feedback* com base no que foi imediatamente antes observado.

3. Podem ser feitos alguns ensaios (*role-playing*), com situações análogas ao cotidiano dos participantes, enfocando-se as habilidades de pedir e dar *feedback*.

4. A última parte dessa vivência pode ser explorada usualmente após *role-playings* ou outras atividades que tornem bastante visíveis os desempenhos imediatamente anteriores a serem tomados como alvos de *feedback*.

5. Com grupos de adolescentes, podem-se usar algumas atividades como colagem, com conteúdo apropriado e significativo para elas. Essas atividades facilitam oportunidades concretas de interação que poderão servir de pretexto para dar e pedir *feedback*.

6. Quando várias pessoas tiverem dificuldade em dar e pedir *feedback*, essa tarefa poderá ser feita por escrito, de forma individual ou em grupo. Nesse caso, o facilitador apresenta uma ficha que pode ser adaptada da que temos utilizado em nossos programas de promoção de habilidades sociais (A colocação de data na ficha é interessante, pois permite a comparação do desenvolvimento da habilidade de dar *feedback*).

MODELO DE FICHA

FEEDBACK PARA: _____

Escreva o seu *feedback* no espaço indicado abaixo. Quando o facilitador solicitar, leia-o ou entregue-o à pessoa, ou grupo escolhido, conforme instrução.

_____
_____
_____
_____

Remetente: Data__/__/__

11. Complemento indispensável

OBJETIVOS

Específicos

- Identificar importância dos canais verbal e não verbal na comunicação
- Reconhecer a importância da observação das reações do interlocutor
- Aprimorar habilidades não verbais de comunicação

Complementares

- Elaborar conteúdo da comunicação
- Exercitar habilidades narrativas
- Desenvolver a criatividade

MATERIAIS

✓ Um cordel de aproximadamente 40cm ou lenço de pescoço.

PROCEDIMENTO

O facilitador solicita três membros do grupo para participarem dessa vivência, esperando que estes se apresentem espontaneamente. Caso isso não ocorra, ele próprio escolhe os participantes, tendo o cuidado de indicar pessoas cuja probabilidade de recusa é praticamente nula. Dentre os três (GV), indica um deles e entrega-lhe uma história em quadrinhos, para ler, memorizar e narrar posteriormente aos seus dois colegas.

Enquanto o participante lê a história e seus dois colegas aguardam, o facilitador solicita ao GO (em separado) que observe atentamente o desempenho do narrador e dos ouvintes. Caso haja previsão de uma demora acima de três minutos para a preparação da narração, o facilitador pode solicitar uma tarefa adicional ao GO, como, por exemplo, a de alguém conduzir um rápido exercício de falar alguma coisa de si mesmo ou descrever a postura de um colega. Essa atividade deve ser interrompida quando o participante ausente estiver disponível para executar o seu papel na vivência.

Solicita, então, ao participante com a tarefa de contar a história, que se posicione de pé, em frente aos dois colegas (sentados), atando, porém, suas mãos atrás do corpo com o cordel e pedindo-lhe para fazer a narrativa.

Terminada a tarefa, é feita uma avaliação: a) com os ouvintes sobre compreensão do conteúdo e envolvimento com o enredo; b) com o contador da história sobre dificuldade ou facilidade de transmissão de ideias e ações; c) com o GO sobre recursos utilizados pelo narrador, descrição de seu desempenho e dos comportamentos dos ouvintes.

Após essa avaliação, a pessoa que contou a história deverá recontá-la tendo, todavia, as mãos livres. Para finalizar, nova avaliação é conduzida buscando-se comparar o desempenho nas duas situações.

VARIAÇÕES

1. Temos utilizado variações no conteúdo das histórias, recorrendo aos denominados "quadrinhos mudos" e às histórias que exigem complementação do não verbal, atribuindo ao grupo a tarefa de elaborar o conteúdo verbal antes de contar a história aos demais.

2. Outra variação possível, que pode seguir às situações acima descritas, é a de colocar duas pessoas sentadas de costas uma para a outra, com a tarefa de narrar um acontecimento (filme, capítulo de novela, pescaria etc.).

3. Pode-se também vendar os olhos do narrador, dificultando-lhe o acesso visual às reações dos ouvintes.

OBSERVAÇÕES

1. Temos observado que a maioria dos participantes, ao passar da sequência de mãos atadas para mãos livres, utiliza menos a gestualidade do que seria usualmente esperado de um contador de história, talvez para demonstrar a sua competência verbal. Por isso é interessante alternar a sequência ou alertá-lo para essa possibilidade.

2. Esta vivência, relatada na primeira parte, foi inspirada e um estudo realizado pela pesquisadora norte-americana Jana Iverson[3].

12. O pêndulo

OBJETIVOS

Específicos

- Perder o receio (dessensibilizar-se) da proximidade de outras pessoas
- Relaxar, reduzir tensões

Complementar

- Desenvolver o sentimento de grupo (coesão)

MATERIAIS

✓ CDs ou fitas de áudio.

PROCEDIMENTO

Dirigindo-se ao grupo, o facilitador explicita que movimentos e sons ritmados podem, frequentemente, diminuir a ansiedade e provocar relaxamento. Pede então que todos se levantem, dividindo o grupo em subgrupos de quatro a cinco integrantes. Orienta os participantes para ficarem bem próximos uns dos outros de modo a se tocarem lateralmente.

Em seguida, solicita que eles façam o movimento de um pêndulo deslocando-se vagarosamente e de forma sincrônica de um lado para outro. Durante a movimentação, o facilitador instrui que todos se concentrem unicamente no movimento e que fechem os olhos se quiserem.

Após algum tempo, encerra-se o movimento, avaliando-se a experiência de cada um.

---

3. Iverson, J. (1998). *Revista Superinteressante*, maio.

OBSERVAÇÃO

Além de outras, que podem ser apropriadas, sugerimos as músicas *Il Silenzio* e *Amazing Grace* do CD Golden Panflute, de Horea Crishan.

13. Quebra-gelo

OBJETIVOS

Específicos

- Compreender a importância da amizade
- Fortalecer o sentimento de grupo (coesão)

Complementares

- Identificar sentimentos associados à proximidade/distanciamento de outras pessoas
- Expressar sentimentos associados à situação vivenciada

MATERIAIS

✓ Aparelho de som e CD ou fita cassete com música.

PROCEDIMENTO

Todos os participantes são convidados a formarem o grupo de vivência. O facilitador solicita que percorram o espaço ao ritmo de uma música e, em seguida, que se toquem, primeiramente sem usar as mãos e em seguida utilizando-as.

Se a maioria estiver bem descontraída, o facilitador pode incentivar, a começar pelos mais descontraídos a fazer cócegas uns nos outros, a se empurrarem, a se carregarem etc. Durante o processo, controla o som, diminuindo-o para fazer solicitações e dar incentivos ou, se necessário, pedindo alguma moderação.

Ao final, pede que avaliem os sentimentos associados à situação vivenciada, enfatizando a importância das relações de amizade e camaradagem no grupo.

OBSERVAÇÃO

Essa vivência pode ser utilizada com grupos de adultos jovens e adolescentes permitindo observar as pessoas mais contidas com relação ao toque (dar ou receber). Com grupos de crianças em escolas, permite verificar preferências e rejeições.

14. Direitos humanos e interpessoais

OBJETIVOS

Específicos

• Reconhecer que o respeito ou desrespeito aos direitos interpessoais envolve o pensar, o sentir e o agir
• Tomar conhecimento da Carta dos Direitos Humanos da qual o Brasil é um dos signatários
• Conscientizar-se dos diferentes direitos interpessoais
• Valorizar a reivindicação e defesa de direitos interpessoais
• Motivar-se para o exercício e reivindicação e defesa de direitos interpessoais

Complementares

• Reconhecer relações entre sentimento, pensamento e ação
• Compreender a reciprocidade entre os próprios direitos e os direitos das outras pessoas

MATERIAIS

✓ Folha de explicações sobre os Direitos Humanos Básicos, conforme modelo:

Os direitos humanos foram adotados pela ONU (Organização das Nações Unidas) em 1948. Em 1950, o Conselho da Europa adotou a Convenção Europeia dos Direitos do Homem (CEDH) que transforma os direitos do homem em direitos que se impõem aos Estados. O Brasil é, também, um país que assinou a Declaração Universal dos Direitos Humanos, que continha inicialmente 27 artigos e atualmente 30. Vários desses artigos estão relacionados, direta ou indiretamente, às relações interpessoais, à competência social e à assertividade. É o caso dos artigos a seguir:

> ✓ Artigo 6: Todos têm direito ao reconhecimento, em todos os lugares, como pessoa humana diante da lei.
> ✓ Artigo 18: Todos têm direito à liberdade de pensamento, consciência e religião. Esse direito inclui a liberdade de mudar de religião ou crença e a liberdade, quer isoladamente ou em comunidade, de em público ou em particular, manifestar sua religião ou crença, pelo ensino, prática, culto e observância.
> ✓ Artigo 19: Todos têm direito à liberdade de expressão e de opinião. Este direito inclui a liberdade de manter opiniões sem interferências e buscar, receber e transmitir informações e ideias por quaisquer meios de expressão e sem consideração de fronteiras.

✓ Cartão com a Lista de Direitos Interpessoais:

> Existem alguns direitos inerentes à vida social que não aparecem na Declaração Universal dos Direitos Humanos, mas que são decorrentes dela, na medida em que se assume que todos são iguais em dignidade e direitos (Artigo 1º). Neste cartão estão relacionados alguns deles. Cada direito pressupõe um dever.
>
> 1. O direito de ser tratado com respeito e dignidade.
> 2. O direito de recusar pedidos (abusivos ou não) quando achar conveniente.
> 3. O direito de mudar de opinião.
> 4. O direito de pedir informações.
> 5. O direito de cometer erros por ignorância e buscar reparar as faltas cometidas.
> 6. O direito de ter suas próprias necessidades e vê-las consideradas tão importantes quanto as necessidades dos demais.
> 7. O direito de ter opiniões e expressá-las.
> 8. O direito de ser ouvido e levado a sério.
> 9. O direito de estar só quando desejar.
> 10. O direito de fazer qualquer coisa desde que não viole os direitos de alguma outra pessoa.
> 11. O direito de defender aquele que teve o próprio direito violado.
> 12. O direito de respeitar e defender a vida e a natureza.

✓ Folha de resposta contendo as indicações:

> Descreva utilizando poucas palavras:
> a) Sentimentos
> b) Pensamentos
> c) Ações imaginadas

PROCEDIMENTO

O facilitador apresenta uma explicação sobre os Direitos Humanos Básicos, com base nos conteúdos sugeridos acima. Entrega, então, a cada um dos participantes um cartão contendo a Lista de Direitos Interpessoais e a folha de resposta e pede que cada um leia atentamente a lista de direitos e circule o número daquele que julga o mais importante. Enfatiza que apenas um deve ser circulado.

Em seguida, conduz a vivência propriamente dita:

> *Virem o cartão, fechem os olhos e imaginem uma sociedade em que o direito que vocês escolheram é facilmente exercitado porque todos o respeitam. Isso... Vamos imaginar... Pensem em vocês indo a vários lugares, encontrando-se com várias pessoas e todas respeitando o direito de vocês. Isso... continuem imaginando... Assim... Imaginem o que as outras pessoas fazem... Como vocês se sentem... O que vocês pensam... Como vocês reagem...* (pausa maior, cerca de 20 a 30 segundos) *Isso... tentem imaginar bem vivamente a situação...* (pausa maior, cerca de 30 segundos).
>
> *Pronto! Agora abram os olhos e escrevam, então, na folha de resposta, bem resumidamente, os sentimentos, os pensamentos e as possíveis ações evocadas nas situações imaginadas.*

Na segunda fase, o facilitador pede que cada pessoa circule um outro direito importante para ela e refaz todo o processo anterior, porém pede que imaginem uma sociedade onde o direito escolhido não é respeitado. Também nesse caso, solicita que escrevam, na folha de resposta, os sentimentos, pensamentos e ações agora evocados.

Na terceira fase, avalia com o grupo, os vários sentimentos, pensamentos e ações, comparando-os em ambas as situações dadas, reafirmando a importância de se reconhecer os próprios direitos para exercitá-los plenamente e as influências mútuas entre sentimento, pensamento e ação. Explica, ainda, que muitas pessoas não exercitam seus direitos por motivos diferentes, tais como: a) desconhecimento; b) dificuldades interpessoais; e c) acomodação (falta de motivação).

VARIAÇÕES

1. Pode-se ampliar a Lista de Direitos Interpessoais, ou restringi-las, conforme os objetivos do programa e as condições dos grupos.

2. A terceira fase pode ser realizada através de uma discussão em pequenos grupos.

3. A vivência pode ser desdobrada em duas: uma mais teórica, abrangendo a parte introdutória (explicação sobre os direitos humanos) e a outra prática (conforme aparece aqui) incluindo-se uma rápida explicação sobre os Direitos Humanos. O desdobramento pode ser muito útil quando o trabalho é realizado com grupos comunitários que possuem poucas informações sobre os Direitos Humanos e seus próprios direitos interpessoais[4].

4. Pode-se também apresentar trechos de reportagens de jornais ou TV sobre violação dos direitos e pedir que os participantes identifiquem os direitos violados bem como as alternativas adequadas para reagir a tais situações.

5. Pode-se, ainda, com base na Lista de Direitos Interpessoais, solicitar que se formem subgrupos a favor e contra a legitimidade de um dado item, de modo a identificar os argumentos que o grupo utilizaria para defender ou rejeitar aquele direito.

---

4. Nesse caso é útil dispor de referências próprias ao tema, adequadas à compreensão dos grupos como, por exemplo: Vários autores (1999). *Oficinas Pedagógicas de Direitos Humanos*. Rio de Janeiro: Vozes; Vários autores (1985). *10 coisas sobre os direitos dos trabalhadores*. Rio de Janeiro: Vozes. Partes desses textos poderão ser utilizados nos estudos em grupo.

6. Uma outra sugestão, que aparece em uma vivência análoga de Lange e Jakubowski[5], consiste em dividir o grupo em subgrupos e pedir que cada um elabore uma lista de direitos-deveres vinculados a papéis sociais complementares como: criança-adulto; pais-filhos; empregado-patrão; professor-aluno etc. Ao final, o grupo discute as sobreposições e diferenças entre as listas elaboradas, escolhendo os direitos mais importantes na avaliação do subgrupo para afirmar em alto e bom som aos demais.

OBSERVAÇÕES

1. Os Direitos Interpessoais apresentados nesta vivência consistem em uma adaptação e ampliação a partir de uma lista elaborada por Lange e Jakubowski[6].

2. Caballo[7] apresenta um exercício sobre direitos humanos baseado nos autores citados, que pode igualmente ser útil para a consecução dos objetivos desta vivência.

3. Esta vivência pode ser utilizada com grupos que sentem dificuldade em exercitar seus direitos e, também, com grupos que precisam aprender a reconhecer os direitos dos outros como é o caso de pais, professores, enfermeiras e cuidadores de pessoas que requerem atendimento especial (crianças com deficiências físicas, sensoriais ou mentais, idosos, doentes em geral).

15. Reconhecendo e comunicando emoções

OBJETIVOS

Específicos

- Identificar e nomear emoções expressadas
- Comunicar emoções não verbalmente

---

5. Lange, J.L. e Jakubowski, P. (1976). *Responsible assertive behavior.* Illinois: Research Press Co.

6. Lange e Jakubowski (1976). Obra já citada neste capítulo.

7. Caballo, V.E. (1996). O treinamento em habilidades sociais. Em V.E. Caballo (Org.), *Manual de técnicas de terapia e modificação de comportamento.* São Paulo: Santos.

- Desenvolver componentes da empatia (reconhecimento das emoções do outro)
- Reconhecer a importância dos componentes não verbais na comunicação dos sentimentos

Complementares
- Observar/descrever comportamentos

MATERIAIS

✓ Lenços pequenos.

PROCEDIMENTO

Nesta vivência, um dos participantes é convidado a deixar a sala. Reservadamente o facilitador lhe dá a tarefa de expressar sentimentos à sua escolha (tristeza, raiva, medo), utilizando apenas o canal não verbal e concentrando-se principalmente nas expressões faciais. O participante recebe instrução de retornar à sala e colocar-se em local fácil de ser observado por todos e em seguida comunicar a emoção previamente escolhida.

O facilitador orienta que cada um procure identificar a emoção comunicada, e que procure também se envolver com aquele sentimento. O participante que reconhecer a emoção transmitida deve apenas levantar a mão, permitindo, dessa forma, que os demais também tenham a oportunidade de se manifestar. Dando seguimento, solicita que cada observador nomeie a emoção transmitida. Somente ao término da sequência o facilitador aponta as respostas corretas.

O mesmo procedimento é repetido outras vezes, com o mesmo ou com outros participantes, dando oportunidade para novas expressões e observações e a cada sequência os desempenhos são elogiados.

Ao final, é feita avaliação considerando a importância:

a) da observação atenta;
b) do processo de nomear a emoção;
c) da identificação da emoção do outro como base para a expressão empatia.

VARIAÇÕES

1. Dependendo do estágio em que se encontra o grupo, pode-se solicitar a algumas das pessoas que identificaram a emoção que expressem de maneira empática sua compreensão (ver capítulo 4, item 5).

2. Ao utilizar esta vivência para o desenvolvimento da empatia, pode-se tornar a expressão da emoção gradualmente mais difícil de ser identificada, exigindo maior capacidade de observação. Por exemplo, pode-se cobrir com um lenço parte do rosto da pessoa que expressa emoção, deixando apenas os olhos descobertos. Nesse caso, os observadores deverão dirigir suas observações para os olhos, a postura e os gestos.

OBSERVAÇÕES

1. A aplicação desta vivência exige um bom conhecimento sobre os temas da emoção e da empatia (ver capítulo 4).

2. Temos utilizado essa vivência com alunos de graduação de Psicologia como introdução ao módulo sobre a temática da empatia. Os resultados têm sido animadores, tanto na motivação quanto na aprendizagem do domínio do processo empático.

3. Essa vivência pode envolver a expressão de várias emoções, tendo-se o cuidado de iniciar com aquelas consideradas universais (alegria, tristeza, medo, raiva, nojo e surpresa), passando-se depois para as demais que são mais difíceis de serem discriminadas (preocupação, ternura, enfado etc.).

16. Dar e receber

OBJETIVOS

Específicos

- Desenvolver a compreensão e atitude de que a doação é componente importante das relações interpessoais
- Agradecer gentilezas recebidas

- Manifestar carinho
- Codificar/transmitir mensagens não verbais
- Decodificar mensagens não verbais
- Desenvolver a criatividade

Complementares

- Exercitar a expressividade não verbal
- Desenvolver o sentimento de grupo (coesão)

MATERIAIS

✓ Giz, lousa.

PROCEDIMENTO

O grupo é organizado em duplas, colocadas em duas fileiras, uma em frente à outra, a uma distância aproximada de dois metros. O facilitador faz no quadro um esquema para facilitar a compreensão do arranjo da situação. Na primeira fase, os posicionados em uma das fileiras são instruídos a não se comunicarem e a "criarem" um objeto imaginário para presentearem o colega posicionado à sua frente, usando apenas gestos até torná-lo "perceptível" através dos movimentos.

Na segunda fase, solicita que faça a "entrega" do presente ao parceiro. Este deve recebê-lo, identificá-lo e agradecer a gentileza. Em caso de não identificação, é solicitado que o colega refaça o objeto, colocando mais ênfase na "criação". Em seguida, a atividade é repetida, invertendo-se os papéis entre presenteador e presenteado, solicitando-se que os presentes não sejam repetidos.

Ao final, o facilitador discute a importância do ato de presentear, especialmente pequenas e criativas lembranças, como componente importante na formação de amizades. Também conduz uma reflexão sobre os comportamentos de dar, receber, agradecer e elogiar.

VARIAÇÕES

1. Uma variação possível é a definição das classes de presentes a serem criados (por exemplo, elementos da natu-

reza: flor, arco-íris, água etc.) ou objetos de consumo (roupas, alimentos, adornos etc.).

2. Ao invés dos participantes serem colocados um na frente do outro, pode-se mantê-los sentados em círculo, pedindo alternadamente que cada um "faça o seu objeto" e escolha alguém do grupo, presenteando-o(a). A pessoa escolhida toma o lugar da anterior e assim sucessivamente. Essa variação é mais indicada para grupos pequenos.

OBSERVAÇÃO

Os participantes dos programas, em sua maioria, têm reagido a esta vivência com manifestações espontâneas de afeto, não apenas em relação àqueles que presenteiam e de quem recebem presente, mas também com os demais integrantes do grupo.

17. Relâmpagos

OBJETIVOS

Específicos

- Desenvolver o autoconhecimento
- Aprofundar o conhecimento sobre os demais integrantes do grupo
- Exercitar a autorrevelação (falar de si mesmo)
- Analisar o significado de mensagens

Complementares

- Solicitar ajuda
- Elogiar e agradecer elogio recebido

MATERIAIS

✓ Uma caixa pequena para acondicionar as mensagens

✓ Tiras de papel-cartão, com mensagens compiladas de grandes pensadores, poetas e compositores, por exemplo:

Se eu for mais veloz que a luz, então escapo da tristeza... (Paralamas do Sucesso).
Quando vosso amigo manifesta seu pensamento, não temais o não de vossa própria opinião, nem vos prendais ao sim (Kalil Gibran).
Conhece-te a ti mesmo (frase atribuída a Sócrates mas na verdade trata-se de uma antiga inscrição no Templo de Delfos, em Atenas).
Não conte comigo para mover os peões, mas estarei ao seu lado para virar o tabuleiro de xadrez (Henrik Ibsen).
Olhos nos olhos, quero ver o que você diz (Chico Buarque).
Quem fala pouco saca tudo. Saber ouvir é mais saber (Kid Abelha).
Que triste seria o mundo se tudo se encontrasse feito, se não existisse uma roseira para plantar, uma obra para iniciar! (Gabriela Mistral).
Procura-se um amigo para gostar dos mesmos gostos; que se comova quando chamado de amigo; que saiba conversar de coisas simples, de orvalho, de grandes chuvas e de recordações da infância (Meimei).
O sorriso: ninguém é tão rico que dele não precise; ninguém é tão pobre que não o possa dar a todos (autor desconhecido).

PROCEDIMENTO

Esta vivência tem alguma semelhança com a de número 18 (Perguntas sem resposta), porém exige um maior aprofundamento de análise com o grupo todo. É realizada com todos os participantes, que permanecem sentados. O facilitador percorre o grupo com uma caixa contendo as mensagens, solicitando que cada um retire a sua sem escolher, leia individualmente e reflita sobre ela.

Após todos terem retirado a sua mensagem, cada um a lê, em voz alta, para o grupo, interpretando o seu significado e em que ela lhe diz respeito. Em caso de dificuldade nessa tarefa de analisar o significado da mensagem, o facilitador pode nomear alguém para auxiliar o participante e/ou sugerir que ele peça ajuda a outro membro do grupo.

Antes de encerrar, é feita uma avaliação. O facilitador pode auxiliar a reflexão do grupo com algumas questões, tais como:

a) O que o significado da mensagem tem a ver com a vida das pessoas?
b) Qual a sua relação com o que o grupo está aprendendo nas demais vivências?
c) Como aproveitar as mensagens do dia a dia?

Ao final, solicita-se, também, que cada um escolha um colega e elogie o seu desempenho nesta vivência.

VARIAÇÃO

Pode-se criar situações de *role-playing* utilizando algumas mensagens. Isto facilita uma maior compreensão e oportunidade para os participantes falarem de si mesmos.

OBSERVAÇÕES

1. As mensagens são selecionadas de acordo com os objetivos do treinamento. Por exemplo, grupos de adolescentes recebem mensagens alegres, descontraídas, diferentes, comparativamente aos de casais ou de executivos. Grupos de adolescentes pré-vestibulandos podem receber mensagens direcionadas às questões próprias da escolha profissional, como tomar decisão, reflexão, ponderação etc.

2. A prática desta vivência tem mostrado que os participantes se dispõem à autorrevelação, fazendo referência a seus sentimentos e relacionamentos.

18. Perguntas sem respostas

OBJETIVOS

Específicos

- Controlar a impulsividade para responder imediatamente
- Reconhecer a importância da atenção
- Fazer perguntas
- Responder perguntas

Complementares
- Analisar o significado das perguntas
- Refletir sobre os próprios comportamentos e sentimentos
- Cooperar
- Solicitar e oferecer ajuda

MATERIAIS

✓ Não há.

PROCEDIMENTO

Nesta vivência, todos os participantes permanecem sentados. O facilitador explica que cada um irá fazer uma pergunta instigante ou provocativa a um colega e que este não deverá respondê-la. Em seguida, indica uma pessoa, iniciando por uma das extremidades do semicírculo, para iniciar o processo. Esta deve fazer a pergunta e a pessoa escolhida não deve respondê-la, mas escolher outro colega para endereçar a sua e assim sucessivamente.

Encerrada a sequência de perguntas, o facilitador escolhe algumas pessoas do grupo, solicitando uma a uma que: a) reproduza a pergunta que lhe foi feita; b) confirme se a pergunta foi instigante ou não. Caso a pessoa tenha se esquecido da pergunta, pede-se àquele que a fez que a repita. As perguntas consideradas não instigantes podem também ser refeitas, se necessário com a ajuda de algum outro participante do grupo. Nesse caso, o participante com dificuldade é instruído a solicitar a ajuda de um colega, que deve apenas auxiliá-lo evitando fazer a tarefa em seu lugar.

Discute-se, ao final:

a) a dificuldade de se controlar a impulsividade para responder;
b) a importância desse controle em algumas situações sociais;
c) o esquecimento da pergunta recebida e a importância da atenção;

d) os possíveis "bloqueios" que favorecem os esquecimentos seletivos;
e) a importância de pedir e oferecer ajuda;
f) os sentimentos e pensamentos diante de situações embaraçosas.

VARIAÇÃO

Conforme o desenvolvimento do grupo, o facilitador poderá repetir a vivência, solicitando que as novas perguntas instigantes sejam feitas e que nesta situação deverão ser respondidas. No caso de perguntas que possam trazer excessivo desconforto, o participante terá a liberdade em decidir se a responde ou não, podendo solicitar uma outra pergunta com conteúdo mais ameno.

OBSERVAÇÕES

1. Pode ocorrer que os primeiros participantes façam menção de responder imediatamente às perguntas. O facilitador deve interromper, insistindo no cumprimento da regra.

2. O facilitador poderá, ao verificar dificuldade de compreensão, apresentar exemplos de perguntas instigantes. No caso de um grupo de jovens, perguntas tais como: *Quantos anos você tinha quando beijou pela primeira vez? Em algum momento de namoro, você ficou com outro(a)? Quem do grupo você mais admira?*

3. Algumas pessoas têm relatado desejo de apresentar resposta agressiva, mas, ao seguirem a regra (de não responder), acabam por elaborar formas não agressivas de respostas. Esses depoimentos devem ser apresentados como ilustrações da importância do autocontrole nas relações interpessoais.

19. Olhos nos olhos

OBJETIVOS

Específicos

• Desenvolver e exercitar conversação direcionada para aspectos pessoais
• Compreender a importância do contato visual na interação
• Manter contato visual com o interlocutor
• Estabelecer relações de amizade
• Iniciar e manter conversação
• Discriminar componentes não verbais na comunicação

Complementares

• Expressar sentimentos associados à situação vivenciada
• Observar e descrever comportamentos
• Reconhecer a importância dos componentes não verbais na comunicação

MATERIAIS

✓ Três crachás com a letra A e três com a letra B.
✓ Ficha de Registro de Observação.

| FICHA DE REGISTRO DE OBSERVAÇÃO ||
Pessoa a ser observada: ( ) A ( ) B	
1) A pessoa que você observou olhou mais enquanto	( ) falava ( ) ouvia
2) A pessoa que você observou manteve o olhar dirigido para	( ) parte superior do rosto do outro ( ) parte inferior do rosto do outro
3) A pessoa que você observou olhou mais para o outro	( ) no início da própria fala ( ) no final da própria fala

PROCEDIMENTO

O facilitador prepara a vivência, planejando três condições de diálogo: a) um participante do sexo masculino e outro do feminino; b) dois participantes do sexo masculino; e c) dois participantes do sexo feminino. Pede, então, a participação de pessoas que se encontram sentadas afastadas umas das outras no grupo. Elas são colocadas uma em frente da outra, de preferência em pé, recebendo a instrução (separadamente das demais) de conversarem sobre seus sentimentos e emoções, utilizando períodos de fala razoavelmente longos antes de dar a vez ao interlocutor. O facilitador coloca os crachás A e B para identificar cada dupla.

Sem que essas pessoas percebam, o facilitador entrega Fichas de Registro de Observação (algumas assinaladas para observar a pessoa A e outras a pessoa B) a alguns dos membros do GO, solicitando que assinalem as características do contato visual do participante sob observação. O facilitador posiciona os membros da dupla de modo que todos possam observar bem o contato visual entre eles.

Ao final, são avaliados com os participantes seus sentimentos e dificuldades (ansiedade, bloqueios, subterfúgios) para obter e dar informações pessoais. Com os observadores, avaliam-se as estratégias identificadas ao longo da conversação e, em particular, as características do contato visual dos pares de vivência.

VARIAÇÃO

1. No caso de perceber as dificuldades da dupla em manter a conversação, o facilitador pode apresentar alguns temas como: namoro, casamento, estudo, cinema, planos para o futuro etc.

OBSERVAÇÕES

1. Os dados de observação do GO em geral têm confirmado os resultados de pesquisa[8]: a) as pessoas que falam olham cerca de metade do tempo para o interlocutor em relação às pessoas que ouvem; b) as pessoas olham mais ao final de sua fala do que no início; c) as pessoas tendem a direcionar o olhar para a metade superior do rosto do interlocutor, mais

---

8. Ver: Argyle, M. (1967/1994). *Psicología del comportamiento interpersonal*. Madrid: Alianza Universidad.

do que para a inferior; e d) pessoas do mesmo sexo olham-se mais na conversação do que as do sexo oposto.

2. Também nesse caso, a vivência pode ser repetida com outros integrantes do grupo, objetivando melhorar o desempenho nas interações e ajustar o contato visual[9].

3. Esta vivência pode ser utilizada no treinamento de habilidades de entrevista (contato visual, escutar com atenção, fazer perguntas, resumir etc.).

20. Nem passivo nem agressivo: assertivo!

OBJETIVOS

Específicos

• Identificar critérios que permitem classificar o desempenho social como assertivo, agressivo ou passivo
• Identificar direitos interpessoais exercidos, não exercidos e violados nas relações
• Perceber desempenhos socialmente adequados e inadequados
• Avaliar a assertividade de diferentes tipos de desempenho social, conforme critérios previamente estabelecidos
• Refletir sobre as características do próprio desempenho social

Complementares

• Motivar-se para o exercício da assertividade nas relações interpessoais
• Observar e descrever o comportamento de outras pessoas
• Estabelecer relações entre os processos cognitivo, afetivo e conativo.

MATERIAIS

✓ Retroprojetor e transparências.

---

[9]. Ver considerações sobre a importância do contato visual em Del Prette, Z.A.P. e Del Prette, A. (1999, p. 68). Obra já citada neste capítulo.

✓ Cartões de aproximadamente 7x12cm (verde, vermelho e amarelo) em quantidade equivalente ao número de participantes (os três cartões para cada participante).

✓ Cartões contendo descrições de situações e de respostas assertivas, passivas e agressivas, conforme modelo:

Situação 1: Um estudante consegue adquirir um livro indicado pelo professor. Ao dirigir-se para um local sossegado para iniciar seus estudos, encontra um colega que, vendo o livro em sua mão, solicita-o por empréstimo. Ele então:

– Desempenho A: *Este livro? Sei... Você precisa dele? Bem... é que eu ia estudar... Mas se for por pouco tempo... Então tá, pode levá-lo.*

– Desempenho B: *Gostaria de emprestá-lo, mas vou ter que estudar hoje e amanhã para a prova. Sinto, dessa vez não vai ser possível.*

– Desempenho C: *Negativo, cara! Vou estudar e, além disso, tenho cara de biblioteca?*

Situação 2: Antônia foi injustamente criticada pelo seu chefe por falhas que não foram de sua responsabilidade. Um colega aproveita também para criticá-la e olha para os colegas esperando aprovação. Você:

– Desempenho A: *Qual é a sua, hein!? Em primeiro lugar, você não tem moral para estar criticando ninguém. Em segundo lugar, não se chuta cachorro morto. Em terceiro lugar, chega de conversa fiada.*

– Desempenho B: *Bem, não sei se concordo... Vai ver que você tem razão... Talvez... Olha, acho que é melhor a gente deixar as coisas como estão... Vai que piora, né?*

– Desempenho C: *Eu não concordo com as suas críticas. A Antônia é uma pessoa merecedora de respeito. Creio que o gerente está mal informado. Sugiro que a gente vá esclarecer isso com ele, tão logo seja possível. Eu me prontifico a ir, sozinho ou com outros colegas.*

> **Situação 3:** Paulo compra uma mercadoria e ao chegar em casa percebe que ela está com defeito. Dirige-se então à loja e:
>
> **– Desempenho A:** *Olha, a mercadoria... Dá para o senhor trocar... Parece estar com defeito... Bem, eu não quero ser chato... Minha mulher, sabe como é... Ela, ela...*
>
> **– Desempenho B:** *Hei mocinha, onde foi parar o controle de qualidade da loja? Ninguém viu que a peça está com defeito? Quero outra já, e rápido!*
>
> **– Desempenho C:** *É o senhor quem resolve sobre a troca de produto com defeito? É que este que me entregaram tem problema. Faça-me o favor de trocá-lo, bem rapidinho, que estou com muita pressa.*

PROCEDIMENTO

O facilitador apresenta o conceito de assertividade e os critérios que permitem diferenciar o desempenho assertivo do agressivo e do passivo[10]. Nessa fase, pode recorrer a transparências ou outros recursos audiovisuais para exposição do assunto.

Em seguida, avisa que irá apresentar na transparência algumas situações que ilustram os três tipos de desempenho e distribui os três cartões coloridos para cada participante explicando que o verde deve ser levantado para indicar o desempenho assertivo, o vermelho para o agressivo e o amarelo para o passivo.

A cada desempenho projetado, solicita que os participantes levantem o cartão correspondente à classificação atribuída ao desempenho e discute as concordâncias e discordâncias, pedindo que explicitem os critérios utilizados na avaliação, direcionando a análise para: a) a topografia do desempenho (conteúdos verbais, vacilações); b) a adequação ou não à situação ou demanda; c) os direitos exercidos, não exercidos ou violados; as consequências ocorridas ou prováveis, a curto e em médio prazo, para o personagem principal e para a relação.

---

[10]. O leitor pode encontrar em Del Prette e Del Prette (1999), obra já citada neste capítulo, um quadro que caracteriza esses três tipos de desempenhos e os critérios subjacentes a tais características.

Ao final, solicita que relatem exemplos de desempenhos assertivos, agressivos ou passivos que costumam emitir e discute situações em que a assertividade é mais difícil de ser exercida ou mesmo não deve ser exercida[11]. Adverte ainda que, apesar da alta probabilidade de consequências positivas associadas à expressão da assertividade e de sua importância para relações duradouras, saudáveis e baseadas na honestidade, elas não estão livres de consequências negativas, do não alcance dos objetivos pretendidos.

VARIAÇÕES

1. Além do cartão com as situações, podem ser utilizados filmes comercias, editados (recortados), com cenas ilustrativas de desempenhos agressivos, assertivos e passivos. Um exemplo de tais filmes pode ser encontrado em *Melhor é impossível*, estrelado por Jack Nicholson. Outra alternativa é usar esquetes filmados.

2. Após a apresentação das situações, o facilitador pode conduzir ensaios comportamentais dos desempenhos assertivos, especialmente junto com participantes mais habilidosos que possam servir de modelo para os demais.

3. Outra variação possível é a apresentação da reação agressiva ou passiva, pedindo-se que o grupo elabore alternativas mais adequadas à mesma situação antes de apresentar o esquete ilustrando o desempenho assertivo.

OBSERVAÇÕES

1. Temos observado que as reações passivas são, eventualmente, consideradas adequadas por alguns participantes que se identificam com o personagem. Em tais casos, o próprio grupo acaba discordando ao aplicar os critérios do equilíbrio de custos e ganhos em uma relação, as consequências em médio prazo e os efeitos sobre a autoestima.

---

[11]. Ver: Del Prette e Del Prette (1999, p. 44). Obra já citada neste capítulo.

2. Essa vivência deve ser utilizada preferencialmente após a de número 14 (Direitos humanos e interpessoais).

21. História coletiva oral

OBJETIVOS

Específicos

- Desenvolver a fluência verbal e a criatividade
- Falar em público e elaborar ideias de improviso
- Construir enredos coerentes

Complementares

- Fazer e agradecer elogio
- Apresentar *feedback* ao desempenho de outro participante
- Exercitar componentes paralinguísticos da comunicação

MATERIAIS

✓ Objetos diversos como: chave de fenda, caixa de papelão, guardanapo, preservativo, CD, caderno, palha de aço...

✓ Exemplos de início de histórias:

> Paulinho era um menino muito inteligente. Certa ocasião decidiu fazer uma viagem pelo espaço. Aos poucos foi montando a sua espaçonave, utilizando peças que comprava no ferro-velho ou obtinha com amigos, até que um dia...

> Joana certa vez viajou em direção às praias do Nordeste. De seu carro, modelo antigo, via através da janela as belas praias tão convidativas. Até que resolveu parar em uma delas. Ao descer, notou que estava em um lugar maravilhoso tanto pela cor do mar, pelo verde dos coqueiros e pelo brilho do sol refletido na água. Aí percebeu que havia esquecido de trazer roupa de banho...

PROCEDIMENTO

O número ideal para essa vivência é de cinco a seis participantes (GV). Aos demais se solicita a tarefa de observar (GO). O facilitador dirige-se ao grupo como um todo e diz que será realizada a construção de uma história com narrativa oral em que cada um contribui na formação do enredo.

O próprio facilitador inicia a história dando a "deixa" para que o próximo participante a continue. Este, por sua vez, fará o mesmo em relação ao colega mais próximo e assim por diante. O último participante tem a tarefa de apresentar o final da história.

Terminada a história, inicia-se a discussão com o GO e/ou com o GV, enfocando alguns aspectos como: "bloqueios", dificuldades de formação de enredo ou da narração, possível projeção de dificuldades pessoais no personagem, aspectos não verbais (postura, gestualidade, expressão facial etc.) e paralinguísticos (modulação da voz, entonação de acordo com conteúdo da mensagem verbalizada, regulação da velocidade da fala etc.) apropriados à comunicação. Para encerrar, solicita aos membros do GO *feedback* ou elogio para o desempenho de cada participante, que é orientado para ouvir e agradecer.

VARIAÇÕES

1. O facilitador avisa aos participantes que, durante a narrativa, irá entregar-lhes objetos e que estes deverão ser incluídos na história. Alguns exemplos de objetos: chaveiro, alicate ou outra ferramenta, preservativo, caderno, gravura representando objetos ou encontros sociais etc.

2. Direcionar, previamente, alguns aspectos do conteúdo, por exemplo, dando instrução para algumas pessoas do grupo alterarem, na sua vez, a história em determinada direção (enfatizar tristeza, tragédia, alegria, namoro, rompimento de uma relação etc.).

OBSERVAÇÕES

1. As variações devem ser utilizadas de acordo com as necessidades específicas de um ou mais membros do GV. Por exemplo, pede-se a pessoas entristecidas que enfatizem alegria e bom-humor à sua narrativa; a pessoas agressivas que direcionem a história para um conteúdo amistoso e solidário; entrega-se o preservativo a jovens com dificuldade de falar sobre o assunto com o parceiro etc.

2. Nesta vivência, algumas vezes, parte do enredo formado pode revelar dificuldades pessoais do narrador. Por exemplo, uma história em que o personagem havia sido colocado em uma bela e tranquila praia do nosso litoral, um participante acrescentou que este, *então, procurou um telefone público, conseguindo falar com um técnico para verificar se não corria nenhum perigo ao entrar na água, se não existiam tubarões ali...* Na discussão, o grupo questionou o significado da mudança na narrativa, levantando a suposição de que isso poderia estar relacionado à dificuldade do próprio narrador em lidar com situações semelhantes. O facilitador poderá, se possível, e de acordo com o participante, incluir objetivos relacionados a tais dificuldades em sessões futuras.

22. Contar e modificar história

OBJETIVOS

Específicos

- Falar em público
- Identificar e utilizar comportamentos não verbais adequados ao conteúdo
- Desenvolver a criatividade na formação de enredos
- Refletir sobre fontes de preconceitos
- Analisar os símbolos e mitos contidos nas histórias e sua influência sobre as pessoas

Complementares
- Ouvir com atenção
- Identificar preconceitos na literatura

MATERIAIS

✓ Não há.

PROCEDIMENTO

O facilitador dirige-se a um dos participantes, fazendo-lhe algumas perguntas, tais como: *Quais as histórias infanto-juvenis de que mais gosta? Quais as histórias que seus parentes lhe contavam? Qual ou quais os livros de história que mais apreciou?*

Então, o facilitador solicita que a pessoa escolha uma dessas histórias e conte-a, porém modificando-a em seus aspectos mais significativos. Exemplifica, acrescentando, por exemplo, que ao invés de dizer que *a menina era tão branca, mas tão branca que recebeu o nome de Branca de Neve,* pode-se dizer que *a menina era tão preta, mas tão preta que recebeu o nome de Maravilha de Carvão.*

Terminada a narrativa, pede aos demais que deem *feedback* positivo ao narrador. Em seguida, discute com todo o grupo os temas criatividade, símbolos, mitos, atitudes, preconceitos e a influência deles nas interações entre as pessoas. O facilitador aproveita para relatar uma fábula de Esopo em que um leão, vendo um quadro onde um homem estrangulava com as mãos um outro exemplar de sua espécie, disse desdenhosamente: "Positivamente, esse quadro foi pintado por um homem".

VARIAÇÃO

Mantendo-se esse mesmo formato de vivência, solicita-se ao narrador que imagine estar falando para um grupo bem pequeno, depois para um grupo maior, até imaginar um grande auditório.

OBSERVAÇÃO

A mudança da história da Branca de Neve foi relatada por um amigo dos autores que modificava as histórias ao contá-las a seus filhos, tornando-as menos politicamente incorretas.

23. A tarefa de Atlas

OBJETIVOS

Específicos

- Identificar as necessidades de outras pessoas
- Motivar-se para o exercício da empatia e da solidariedade
- Exercitar a expressividade não verbal

Complementares

- Avaliar a importância dos componentes não verbais na comunicação
- Conscientizar-se dos movimentos corporais
- Fazer e atender pedidos

MATERIAIS

✓ Aparelho de som e CD.
✓ Cordel de aproximadamente dois metros.
✓ Caixas de papelão (de sapato).
✓ Almofadas.

PROCEDIMENTO

O facilitador inicia a vivência dirigindo ao grupo a seguinte pergunta: *Qual a figura, mostrada pela mitologia, que tem uma tarefa de carregar um enorme peso?*

Se o grupo não consegue responder, são fornecidas dicas até a resposta correta surgir: *a figura é a de Atlas*. O facilitador então pergunta qual a expressão corporal que Atlas apresenta nessa extraordinária tarefa de carregar o mundo nas costas. Algumas pessoas são solicitadas a reproduzirem a expressão e postura de Atlas.

Em seguida, o facilitador coloca uma música apropriada e convida a todos para fazerem uma caminhada pela sala como se estivessem carregando um grande peso em uma das mãos, ou em ambas, ou nas costas, ou puxando-o através de uma corda etc., durante aproximadamente seis minutos. Entrega a alguns participantes caixas de papelão, cordel e almofadas, sem nenhuma orientação. As pessoas com mais dificuldade na expressividade são solicitadas a repetir o exercício, recebendo orientação e incentivo para se expressarem convenientemente.

Em outra fase, o facilitador separa o grupo em dois subgrupos, instruindo para que cada participante do GV carregue nas costas, os próprios problemas como Atlas. Essa etapa pode durar cerca de cinco minutos.

Ao término, o facilitador solicita que os membros do GO identifiquem o problema ou pelo menos o tipo de peso que os participantes carregavam. O facilitador avalia, então, as identificações com perguntas do tipo:

a) O que o fez pensar sobre isso?
b) Quais os aspectos do comportamento dele chamou a sua atenção?
c) O que você sentiu vendo-o carregar tanto peso?

Em seguida, pede que cada subgrupo escolha um colega que deverá, adotando postura compatível, carregar um peso como se fosse um problema que o aborrece e, após algum tempo, solicitar ajuda a um ou mais membros do próprio grupo.

Para encerrar a vivência discute-se a importância da comunicação para:

a) Identificar os problemas ou dificuldades das pessoas, como condição para a expressão da empatia (cf. capítulo 4);

b) Fazer pedido como uma das habilidades que leva ao compartilhamento;

c) Atender pedido como uma possibilidade de exercício de solidariedade.

Adianta, ainda, que é principalmente pela expressão não verbal que comunicamos nossas dificuldades ou bem-estar.

VARIAÇÕES

1) Pode-se variar esta vivência introduzindo uma sequência de carregar peso ao som de música apropriada, buscando-se obter maior dramaticidade e facilitar as identificações.

2) Outra alternativa é a de solicitar que os participantes, auxiliados pelos colegas, "atirem" seus problemas para longe. Parece que tal simbolismo produz um certo alívio em algumas pessoas, predispondo-as a falarem sobre suas dificuldades.

OBSERVAÇÃO

Essa vivência tem sido utilizada em uma etapa prévia para o desenvolvimento da empatia com universitários. É possível, através dela, observar pessoas que apresentam dificuldades de fazer pedido e de expressividade não verbal.

24. O mito de Sísifo

OBJETIVOS

Específicos

- Compreender a influência da situação sobre as reações da pessoa e do grupo
- Desenvolver a persistência, autocontrole e cooperação
- Resolver cooperativamente problemas do grupo
- Refletir sobre a dificuldade de seguir regras em situações competitivas

Complementares

- Observar e descrever comportamentos
- Avaliar desempenho e situações de relação intergrupo

MATERIAIS

✓ Almofadas (aproximadamente 30 x 30cm) ou latas vazias de refrigerantes ou cervejas.
✓ Cartões de aproximadamente 8x4cm e barbante.

PROCEDIMENTO

O facilitador faz um breve relato do mito de Sísifo, a quem foi dada a incumbência de rolar uma pedra imensa até o alto de uma montanha. A cada vez que ele se aproximava do término da tarefa, a pedra despencava retornando ao ponto de partida e obrigando-o a um eterno recomeçar.

Em seguida do relato, divide o grupo em dois subgrupos de vivência (GV/1 e GV/2) e um de observação (GO). Ao GV/1 (Grupo Sísifo) é atribuída uma tarefa de construir cooperativamente uma pirâmide, usando as almofadas (cerca de 30) ou latas disponíveis (aproximadamente 12). Ao GV/2 é atribuída a tarefa de desmanchar a pirâmide, sempre que ela estiver próxima de se completar, atuando também, de forma cooperativa. Essas tarefas revivem simbolicamente o mito de Sísifo. Ao GO é solicitada à observação do desempenho dos dois grupos.

O facilitador diz que, para a execução das tarefas, existem algumas regras: a) os membros de cada grupo de vivência não podem conversar entre si; b) os membros de um grupo não podem conversar [com] ou tocar nos integrantes do outro grupo. Essas regras são escritas em cartões e colocadas no pescoço de cada um dos participantes de ambos os grupos. Se a regra for rompida por muitas vezes, a vivência deve ser interrompida, reafirmando-se a necessidade de seu cumprimento.

Caso o Grupo Sísifo não consiga encontrar o modo de completar definitivamente sua tarefa, o facilitador alerta-o e incentiva-o para essa possibilidade. Se, mesmo assim, o grupo não solucionar o problema, o facilitador interrompe a vivência, substituindo-o (em parte ou completamente) pelo GO, para esse papel. Caso perceba dificuldade nesse grupo para concluir a tarefa, pode oferecer ajuda mínima.

Ao final, encaminha a avaliação para as questões: a) como os membros do Grupo Sísifo se sentiram, como conseguiram manter o autocontrole; b) que estratégia de comunicação adotaram e como resolveram o problema (caso tenham resolvido); c) como os membros do grupo incumbido de destruir se sentiram, que estratégias de comunicação empregaram; d) que *feedback* cada grupo fornece ao outro; e) quais as observações do GO.

VARIAÇÃO

Dependendo do tamanho do grupo podem-se utilizar todos os componentes para a vivência, dispensando-se o papel do GO, e alternar os papéis dos dois subgrupos, fazendo com que ambos tenham as mesmas experiências.

OBSERVAÇÕES

1. A tarefa pode ser completada com alguns membros do Grupo Sísifo colocando-se entre a pirâmide e os demais encarregados de derrubá-la, fazendo um círculo amplo e mantendo uma pessoa ao centro para a sua realização. O outro grupo se verá impossibilitado de fazer a sua parte pois não poderá tocar nos integrantes do GV/1.

2. Esta vivência permite identificar estratégias de autocontrole que, uma vez explicitadas, favorecem o seu uso consciente pela própria pessoa permitindo, também, que outros membros do grupo as utilizem.

3. Os grupos que vivenciam o papel de Sísifo têm criado outras alternativas, como por exemplo: a) deslocarem-se para um canto da sala evitando a aproximação do outro grupo; b) fazerem um círculo dando-se as mãos e girando em torno de uma pessoa, que realiza tranquilamente a tarefa. Uma forma de ajuda mínima dada pelo facilitador consiste na interrupção da vivência, solicitando que o Grupo Sísifo se acalme e reflita sobre estratégias usadas que não estão dando resultado. Além disso, pode-se também diminuir o número de latas ou almofadas a serem empilhadas.

4. Em alguns programas, têm surgido reflexões sobre as dificuldades de respeitar as regras (não tocar o outro), quando as pessoas estão envolvidas emocionalmente e sentem-se fazendo parte de um conjunto que se opõe a outro. Daí a importância de revezar alguns membros entre os dois grupos. No trabalho com jovens, quase sempre aparece o exemplo das torcidas de time de futebol que veem as demais como inimigas.

25. Vivendo o papel do outro

OBJETIVO

Específicos

- Elaborar e vivenciar novos papéis
- Colocar-se no papel da outra pessoa
- Desenvolver componentes ou pré-requisitos para a empatia

Complementares

- Observar e descrever comportamentos
- Exercitar a flexibilidade de papéis

MATERIAIS

✓ Cadeiras, mesa, revistas e outros objetos para compor contexto de sala de espera de um consultório médico, de um ônibus etc.

✓ Exemplos de instruções a serem apresentadas oralmente ou por escrito.

Agora todo mundo é mulher que se encontra no oitavo mês de gestação... Andem como se estivessem no oitavo mês de gestação... Neste momento, vocês estão em um ponto de ônibus... Está muito calor. O ônibus demora. Vocês estão cansadas... Finalmente, o ônibus estaciona no ponto, vocês entram e percebem que ele está lotado. Alguém oferece um lugar... Vocês sentam... Finalmente chegam ao consultório médico etc. etc. etc.

> Agora, imaginem que vocês têm oito anos de idade. Vocês chegam à escola. Nas costas, a mochila pesada de material escolar. O sinal está tocando... Outros colegas estão chegando. Cumprimentem-se. Agora vocês têm que se apressar... Olham à frente e visualizam a diretora com uma fisionomia de reprovação... Vocês passam por ela cumprimentando-a... Quando pensam que se safaram de qualquer situação desagradável, dão de cara com a orientadora. Como vocês reagem? Mostrem isso na maneira de se comportar... Estão adentrando a sala de aula... Recordam que tinham que trazer a tarefa... Ficam em dúvida se a deixaram em casa ou a colocaram na mochila. Façam cara de dúvida... etc.

PROCEDIMENTO

O facilitador, ao se reunir com o grupo, fala sobre a experiência de vivenciar outros papéis (diferentes daqueles que nos são próprios) e de sua importância para a compreensão do outro, para a expressão da empatia e solidariedade e para a elaboração e desenvolvimento de novas formas de relacionamento.

Após a explicação, o facilitador solicita que uma parte do grupo participe da vivência (GV), indicando os demais para a tarefa de observação (GO). Em seguida, apresenta oralmente, ou por escrito, a situação e os papéis requeridos, utilizando um dos exemplos acima sugeridos (ou outro criado pelo facilitador). Pede então que os participantes do GV interajam entre si de acordo com os papéis que estão assumindo.

Ao final, avalia como os participantes incorporaram o papel dado, que dificuldades tiveram e pede também que descrevam o próprio desempenho e o de algum colega.

VARIAÇÕES

1. Dar instruções para o GV, separadamente do GO, e este deverá identificar o papel desempenhado. Isso é particularmente interessante com grupos de crianças e adolescentes.

2. Outra variação consiste em dividir todos os participantes em vários grupos e cada um define a situação e o papel a ser desempenhados com a preocupação de escolher aquele papel que sente maior dificuldade de compreensão e de relacionamento.

OBSERVAÇÕES

1. A vivência permite verificar a flexibilidade ou rigidez ao experienciar diferentes papéis.

2. Algumas pessoas encontram muita dificuldade nesta vivência e podem requerer treinos adicionais.

3. Variar o número e a diversidade de papéis sociais a serem desempenhados como: pais-filhos, chefe-subalterno, vendedor-cliente, telefonista-usuário etc., visando ampliar a compreensão dos participantes sobre os vários papéis complementares importantes na vida social.

26. Inocente ou culpado?

OBJETIVOS

Específicos

- Analisar situações de desequilíbrio nas relações de poder
- Expressar empatia e solidariedade
- Fortalecer a noção e sentimentos de justiça

Complementares

- Exercitar habilidades de coordenar grupo (ouvir, perguntar, resumir, responder perguntas, elogiar etc.).
- Dar *feedback*
- Gerar ideias para resolução de problemas

MATERIAIS

✓ Folhas de papel e lápis

✓ Cartões ou folhas com a história:

Um moço muito honesto e trabalhador, certa ocasião, ao dirigir-se para a feira da vila levando seus produtos para o comércio local, encontrou, no trajeto que fazia habitualmente, uma carruagem que vinha em sentido contrário, seguida por serviçais. Conduziu sua carroça o mais que pôde para um dos lados da estrada e parou para dar passagem à pequena comitiva. No interior da carruagem, notou a presença de uma jovem belíssima que, por seu lado, sentiu-se atraída pelo olhar sereno e franco do agricultor.

Descobriu mais tarde, com amigos, que se tratava da filha do Intendente-Mor, homem de grande ambição política, rancoroso e vingativo. Apesar dos conselhos dados pelos companheiros, não conseguiu tirar do pensamento aquela graciosa figura de mulher e, burlando a vigilância dos servos e do capataz, entrou na fazenda várias vezes mantendo com a jovem encontros cheios de felicidade.

O intendente, alertado por amigos, acabou por descobrir o romance de sua filha. Decidindo dar uma lição exemplar no rapaz, pensou, pensou e planejou acusar o agricultor de invadir suas terras, roubar-lhe víveres e animais de montaria. Em conluio com o juiz, marcou a data do julgamento.

No dia indicado, o jovem, corajosamente, compareceu ao local onde seria realizado o julgamento, certo de que provaria sua inocência. Logo percebeu que tudo estava arranjado e que dificilmente poderia escapar a salvo. O juiz leu a acusação, dizendo que, se fosse considerado culpado, o jovem teria suas terras e bens confiscados, incluindo, ainda, o termo de expulsão para nunca mais retornar àquela província. Em caso de inocência, seria indenizado com moedas correntes, tendo o direito de casar-se com a filha do intendente, caso a moça assim desejasse... Em seguida, disse que deixaria ao destino provar se havia ou não culpa do acusado. Tomando duas folhas de papel do mesmo tamanho, falou que escreveria respectivamente INOCENTE e CULPADO. Sem que ninguém percebesse, o juiz escreveu, em ambas as folhas, CULPADO, colocando cada uma, separadamente, em duas caixas de igual tamanho.

Pediu, então, que o jovem escolhesse uma delas e retirasse o papel que selaria a sua sorte. O pobre agricultor, inteligente como era, percebeu a manobra. Parecia que seu fim havia chegado!

PROCEDIMENTO

Para esta vivência, o facilitador divide o grupo em vários subgrupos, com quatro ou cinco participantes, distribuindo folhas de papel e lápis, para cada grupo.

O facilitador pede a atenção de todos e conta a história referida anteriormente. Ao encerrá-la, instrui cada subgrupo a escolher um coordenador e um redator, estabelecendo cerca de dez minutos (o tempo dado varia conforme o desenvolvimento do grupo) para encontrarem uma solução para o problema do agricultor.

Durante esse tempo, o facilitador observa o desempenho dos grupos, podendo dar instruções específicas (cochichadas ao ouvido) para diferentes participantes, como, por exemplo: fazer perguntas, registrar alternativas, elogiar sugestões, incentivar a participação dos mais calados etc.

Esgotado o tempo (que poderá ser prolongado, caso algum grupo faça a solicitação) o facilitador solicita que cada subgrupo apresente sua solução. Ao final, dá *feedback*, faz uma avaliação e apresenta a solução.

VARIAÇÕES

1. A vivência pode ser feita apenas com alguns participantes (GV), dando-se aos demais a tarefa de observar (GO).

2. A história pode ser apresentada por escrito aos participantes.

3. Em caso de grupo de jovens, a história pode ser dramatizada por um subgrupo.

4. O facilitador pode repetir a vivência com outra história, desde que a mesma seja apropriada aos objetivos propostos.

OBSERVAÇÕES

1. Esta história foi adaptada de uma lenda da Idade Média.

2. A solução, conforme a história original, foi alcançada pelo jovem agricultor que, ao perceber a farsa planejada para prendê-lo, astutamente, retira uma folha de papel e a engole. O juiz afirma que teria que iniciar novo julgamento. Mas, o agricultor diz que, como cabe ao destino a sua sorte, pede que alguém tire a outra folha, esclarecendo que se estiver escrito INOCENTE era porque na folha

engolida estava registrado CULPADO e, em caso contrário, teria que ser considerado INOCENTE. Foi o que de fato aconteceu, conforme a lenda.

3. Outras alternativas podem ser elaboradas e aprovadas pelo facilitador e pelo grupo, desde que sejam criativas e pertinentes. Entretanto, no caso da vivência, o processo de resolução grupal é mais importante do que o produto final (á solução propriamente dita).

4. Poucos grupos, nos programas de Treinamento de Habilidades Sociais, têm chegado à mesma solução do final da história. Interessante registrar que um dos grupos que encontrou a mesma solução apontada na história compunha-se de pessoas que haviam cursado apenas a primeira e a segunda séries do primeiro grau e, em sua maioria, apresentava dificuldade para escrever o próprio nome.

27. Peça o que quiser

OBJETIVOS

Específicos

- Analisar pedidos recebidos
- Fazer pedidos
- Aceitar pedidos
- Recusar pedidos irrazoáveis ou abusivos

Complementares

- Dar *feedback*

MATERIAIS

✓ Lápis e papel sulfite.

PROCEDIMENTO

O facilitador faz rápida exposição sobre as habilidades de aceitar e rejeitar pedidos:

Algumas pessoas estão sempre rejeitando pedidos e, com isso, podem diminuir as oportunidades de contato social. No outro extremo, temos aquelas que se dispõem a atender a to-

das as solicitações que lhes são endereçadas, algumas vezes porque desejam colaborar e se sentem bem fazendo isso, outras vezes porque não conseguem recusar, embora tenham vontade de fazê-lo.

Discute com o grupo por que algumas pessoas não conseguem ou têm grande dificuldade em exercer a recusa. Esclarece que algumas pessoas sentem-se culpadas quando recusam ou têm receio de magoar aquele que fez o pedido.

O facilitador então divide o grupo em alguns subgrupos de até três participantes que deverão criar pedidos razoáveis e irrazoáveis (abusivos) e fazê-los aos outros grupos. Os membros do grupo que recebe o pedido poderão aceitá-lo ou recusá-lo. A cada desempenho, o facilitador solicita *feedback* dos demais e também dá seu *feedback*. Terminada a sequência, analisa as dificuldades que os grupos tiveram em fazer pedidos, aceitá-los e recusá-los.

VARIAÇÕES

1. Os pedidos e as respostas a eles podem ser feitos por escrito, no caso de dificuldade dos participantes em fazê-los verbalmente.

2. Na sequência dessa vivência, pode-se incluir *role-playings*, atribuindo papéis diferenciados a quem pede, a quem recusa e a quem aceita. Por exemplo, chefe/subordinado, marido/mulher, professor/aluno, policial de trânsito/motorista, prefeito/cidadão, pessoa de posses/pessoa pobre.

OBSERVAÇÕES

1. Embora se possa pensar que os pedidos abusivos sejam mais fáceis de serem recusados, estes, em geral, são feitos por pessoas que possuem algum tipo de controle (autoridade) como, por exemplo, pais, professores, chefes, patrões etc., o que torna mais difícil a resposta de recusa.

2. A literatura sobre Treinamento de Habilidades Sociais não inclui o aceitar pedidos como objetivo de treinamento, supondo-se que essa habilidade recebe uma grande

atenção ao longo do processo educativo na família e na escola. Em nossa experiência, com grupos de pais e jovens, temos verificado que tal habilidade não é tão generalizada, sendo bastante razoável o número daqueles que apresentam dificuldades em aceitar pedidos. Daí a sua inclusão, lembrando aos facilitadores e educadores a importância dessa habilidade para a formação de uma sociedade mais solidária.

28. Corredor brasileiro

OBJETIVOS

Específicos

- Identificar e relatar as próprias dificuldades de relacionamento
- Motivar-se para a busca de soluções de problemas pessoais
- Expressar apoio

Complementares

- Desenvolver a colaboração
- Solicitar ajuda

MATERIAIS

✓ Cartolinas, cartões, papel sulfite e lápis.

PROCEDIMENTO

Preferencialmente esta vivência deve ser realizada com grupos acima de dez participantes. Inicialmente o facilitador esclarece que a denominação dessa vivência é uma analogia ao "corredor polonês" (técnica de tortura policial-militar), em que uma pessoa é obrigada a atravessar uma fila dupla de indivíduos encarregados de golpeá-la através de diversos recursos. Continuando, acrescenta que a única semelhança do corredor brasileiro com o seu homônimo polonês está na formação das fileiras e que, neste caso, ao percorrer o corredor, as pessoas devem receber palavras de incentivo e toques de carinho, evitando interromper a caminhada.

Após colocar os participantes nessa formação, o facilitador diz que cada pessoa deve, primeiramente, pensar em uma habilidade que deseja aprender ou uma dificuldade que pretende superar. Faz uma pausa, verifica se todos já imaginaram o que foi solicitado. Indica, então, o primeiro integrante de uma das fileiras para:

a) dizer a habilidade que pretende aprender ou o obstáculo que deseja superar;

b) percorrer todo o trajeto interno do corredor e ocupar a extremidade oposta da fila em que se encontrava.

Procede da mesma maneira com cada um, incentivando os demais a manifestarem carinho e palavras de incentivo. Ao final, deverá ser realizada uma avaliação com todos os que participaram da vivência.

VARIAÇÕES

1. O facilitador pode trazer cartões com o nome de algumas habilidades identificadas, em contatos prévios (por exemplo, nas entrevistas iniciais), como relevantes para o grupo pedindo aos participantes que escolham seus próprios cartões. Podem-se também estabelecer obstáculos reais ou imaginários (problemas descritos em cartolinas ou tarefas interpessoais como fazer pergunta, pedir ajuda etc.), dando um tempo para o participante chegar ao final do corredor.

2. Ocasionalmente, alguns participantes podem apresentar dificuldades nesta vivência, mostrando-se hesitantes para revelar problemas ou metas e/ou demorando-se para percorrer o corredor. Nestes casos, pode-se instruir para que escolham alguém do grupo e solicitem sua ajuda.

OBSERVAÇÕES

1. Os problemas e tarefas propostos devem ser adequados à capacidade dos participantes.

2. Esta vivência permite verificar a prontidão para responder e algumas habilidades para atuar em grupo, como incentivar o outro e dispor-se a ajudá-lo.

29. Nasce uma árvore

OBJETIVOS

Específicos

- Desenvolver a sensibilidade e a expressividade emocional
- Refletir sobre o sentido da vida
- Compartilhar emoções no grupo

Complementares

- Reconhecer relações entre pensamentos, sentimentos e comportamentos
- Desenvolver o sentimento de grupo (coesão)

MATERIAIS

✓ Aparelho de som e CD ou fita de música com trechos diferenciados e apropriados a cada parte da vivência.
✓ Colchonetes.
✓ Cartão contendo as instruções para a vivência, a serem apresentadas oralmente.

Imaginem como se vocês fossem cada um uma semente de uma árvore no solo (música). Estamos no final do inverno e o sol aquece a terra e cada semente está pronta para nascer. O tempo está lindo e agradável! (música). A semente se mexe no interior da Terra. Tudo é favorável e a primeira haste procura furar a Terra e finalmente desponta para o dia maravilhoso (música). Ergam, então, um braço como se fosse o primeiro galhinho. Isto! Bem lentamente... (música). Devagar, bem devagar... (música). A haste cresce mais um pouco (música), mais ainda... E chegam as brisas da primavera, balançando os primeiros ramos.... e eles gostam dessa sensação (música). O tempo passa e chegam as chuvas dando boas-vindas às novas plantas que se erguem do solo. E molham-nas por completo... E, sob a chuva e o balanço dos ventos, elas sentem-se mais vivas ainda (música por mais tempo).

E crescem, crescem, crescem, se transformando em uma pequena árvore. Vamos, cresçam, ergam-se mais... Isto!

Quando o outono desce sobre a montanha e percorre a planície, vocês sentem uma espécie de arrepio e uma vaga inquietude assoma-lhes o coração (música um pouco mais demorada).

Isso! Demonstrem essa apreensão... E as chuvas agora são fortes... O vento sopra com furor, parecendo querer arrancá-los do solo (música). E vocês se sentem empurrados. Às vezes debruçam-se sobre a Terra, encolhidos... Trêmulos... Amedrontados....

E o frio chega na madrugada, derrubando as folhas que resistiram ao vento e à chuva. Mas, apesar de tudo, vocês resistem ao vento sul que sopra sem parar, produzindo-lhes doloridas queimaduras pela friagem intensa (música). Vamos, mostrem como vocês estão se sentindo!

Até que um dia (música) o vento sul salta para além da montanha, a chuva cessa e o sol reaparece, trazendo conforto e alegria (música mais demorada).

E as plantas olham-se maravilhadas: um, dois, três brotinhos surgem, mais e mais.... E elas olham também umas para as outras... E misturam seu riso ao som do vento suave (música). E então vocês se percebem mais fortes, maiores, mais firmes. Isso!!! Mostrem-se fortes! Assim!!! E os ramos crescem e se agitam ao vento e vêm as flores, e com elas os pássaros, as cigarras e as borboletas (música).

De repente... Algo estranho!!! Todas as árvores sentem o sinal do primeiro fruto. Isso, mostrem esse sentimento! Todos, assim... (música). E compreendem que, com o fruto, o ciclo da vida continua e continua (música).

PROCEDIMENTO

Todas as pessoas do grupo são solicitadas a participarem desta vivência, pedindo-se que se distribuam no espaço, mantendo-se relativamente à mesma distância uns dos outros e deitando-se no chão ou permanecendo bem encolhidos e agachados.

Em seguida, o facilitador solicita a atenção para as instruções e completa abstração de qualquer ruído, colocando uma música suave e iniciando a apresentação dos contextos imaginários, com o cuidado de modular a voz e controlar a música de acordo com o conteúdo exposto bem como de efetuar as pausas pertinentes.

Ao final, o facilitador avalia com o grupo os sentimentos experimentados: medos, alegrias, esperanças e também o significado da vivência para cada uma das pessoas. Discute também o significado da vivência como uma metáfora das diversas fases da vida.

OBSERVAÇÕES

1. Utilizar trechos de música apropriados para cada etapa da vivência. Entre as músicas que podem ser utilizadas estão: "Quatro Estações" (A. Vivaldi – Coleção *Classic Masters*) e/ou músicas que reproduzem elementos da natureza. Como, por exemplo, "Forest Piano" (de John Herberman). No caso de "Quatro Estações", começar com o inverno (cerca de um minuto), passar para a primavera/verão (aproximadamente três minutos). Depois, na sequência, outono/inverno (utilizando mais ou menos quatro minutos) e finalizar retornando à primavera (deixar o tempo necessário).

2. Dado o conteúdo simbólico e as possibilidades de extravasamento emocional, essa vivência é recomendada nas etapas finais do Treinamento de Habilidades Sociais, quando o facilitador já conhece as possíveis reações dos participantes.

30. Recolhendo estrelas

OBJETIVOS

Específicos

- Expressar carinho (físico e verbal)
- Fazer doações simbólicas
- Compartilhar sentimentos positivos

Complementares

- Desenvolver a afetividade com os demais participantes do grupo
- Relaxar

MATERIAIS

✓ Colchonetes.

PROCEDIMENTO

Após os preparativos costumeiros, o facilitador chama todos a participarem. Pede, inicialmente, que se sentem ou deitem na posição mais confortável possível e imaginem-se em um gramado, olhando o céu. Então diz que é noite, que o ar está agradável e o céu está repleto de estrelas brilhantes.

Continuando, pede que as pessoas imaginem essas estrelas, olhem para cima, levantem-se, estiquem os braços para o alto e comecem a recolher as estrelas do céu. Incentiva o grupo como um todo ou individualmente alguns participantes dizendo:

Peguem mais!!! Olhem quantas!!! Vamos, Cristiane! Veja! Décio, recolha todas que puder! Guardem nos bolsos ou por dentro das blusas...

Após algum tempo, o facilitador diz para os participantes trocarem entre si as estrelas recolhidas.

VARIAÇÕES

Nesta vivência, pode-se também utilizar música instrumental adequada à movimentação dos participantes, alterando-se o volume do som conforme os momentos e os efeitos desejados.

OBSERVAÇÕES

1. Recolhendo estrelas, por seu conteúdo e pela emoção positiva que gera, pode ser ordenada a sessão final de um programa de Treinamento de Habilidades Sociais.

2. Na maioria das vezes, após o início da troca de estrelas, o facilitador é chamado a partilhar e não há nenhum inconveniente quanto à sua participação desse momento com o grupo.

3. As músicas clássicas são as mais indicadas para esta vivência. Sugerimos a *Sinfonia nº 3* (Heroica) de Beethoven.

4. A vivência "Recolhendo estrelas" foi inspirada no célebre poema de Olavo Bilac, *Via Láctea*, em que o poeta diz:

Ora (direis) ouvir estrelas! Certo, perdestes o senso!
Eu vos direi, no entanto, que, para ouvi-las,
Muita vez desperto e abro a janela,
Pálido de espanto.
(...)

31. Formando um grupo

OBJETIVOS

Específicos

- Refletir sobre a importância da participação de todas as pessoas nas decisões de um grupo
- Exercitar o processo de decisão democrática no grupo
- Discutir e identificar processos grupais

Complementares

- Dar sugestão e opinião
- Observar e avaliar o próprio comportamento

MATERIAIS

✓ Envelopes (tamanho ofício).

PROCEDIMENTO

O facilitador dirige-se a um dos participantes, fazendo-lhe algumas perguntas corriqueiras, tais como: *Como foi o fim de semana de vocês?; Quem assistiu ao filme tal?; Qual foi o resultado do jogo de futebol entre Flamengo e Palmeiras?; Qual seu filme favorito?* Repete o processo com mais dois participantes, pedindo aos demais para que observem com atenção.

O facilitador diz então às três pessoas que vai dar uma incumbência importante que está descrita no envelope sobre a mesa. Propositalmente, não revela o conteúdo do envelope, procurando, com isso, gerar curiosidade e alguma ansiedade. Solicita, então, que façam a escolha de mais dois colegas para também fazerem parte deste grupo.

Após a realização da escolha, conduz uma discussão com base nas questões:

a) O grupo cumpriu a tarefa (escolher outros participantes)?
b) Como foi feita a escolha?
c) Qual a estratégia adotada para isso?
d) Quem tomou a decisão?
e) O que significa tomar decisão em grupo?

Em seguida, o facilitador explicita os principais processos grupais: a comunicação, a interdependência entre os seus membros e a formação de uma identidade grupal com base em alguma característica saliente entre todos ou a maioria dos integrantes, como, por exemplo gênero, condição social, idade, ocupação etc. Para finalizar, solicita que os participantes identifiquem e exemplifiquem esses processos no próprio grupo de vivência.

VARIAÇÃO

Adequar as instruções de acordo com objetivos específicos, criando-se maior expectativa. O facilitador diz, por exemplo: *Pretendo formar um grupo que deverá, em seguida, verificar as instruções contidas no envelope.* Pode adiantar que se trata de uma crítica em relação aos principais defeitos de alguém desse grupo.

OBSERVAÇÕES

1. O uso do envelope é apenas um pretexto para gerar uma expectativa nos participantes. Em geral, uma ou duas pessoas tomam as decisões sozinhas sobre quem mais incluir no grupo, mesmo quando já existem outras para compartilhar do processo. Quando isso acontece, deve ser objeto de discussão, repetindo-se então a vivência.

2. A escolha do colega e a maneira como é feita é que devem ser analisadas, já que esta vivência visa mais ao processo que ao produto.

32. Trabalhando em grupo

OBJETIVOS

Específicos

- Refletir sobre a importância da participação de todas as pessoas do grupo em uma tarefa de responsabilidade coletiva
- Cooperar em situação de grupo
- Escolher e assumir parte de uma tarefa coletiva

Complementares

- Consultar, discutir e escolher tarefas em grupo
- Dar sugestão/opiniões
- Dar e receber *feedback*

MATERIAIS

✓ Lousa e giz.

PROCEDIMENTO

Esta vivência assemelha-se à de número **31** (Formando um grupo), podendo ser utilizada em seguida ou independente dela. Segue, portanto, a indicação da precedente até a atribuição da tarefa. Neste ponto, o facilitador diz ao GV:

Vocês, como grupo, têm a tarefa de desenhar, naquela lousa, uma árvore.

As mesmas questões apresentadas na vivência anterior podem orientar a discussão e a avaliação desta. Caso o grupo não apresente desempenho satisfatório (de discutir, planejar e executar a atividade com a participação de todos) deve-se refazer a tarefa após a discussão. O facilitador também solicita *feedback* do GO para os membros do GV que é instruído a agradecer o *feedback* e, em seguida, conduz uma reflexão sobre o trabalho em grupo, individualismo e a responsabilidade da participação grupal.

VARIAÇÕES

1. Dependendo do grupo, podem-se solicitar tarefas diferentes como traçar linhas paralelas em um quadrado, desenhar um cubo etc.

2. Em programas com participantes em áreas exatas, é recomendável fazer solicitações compatíveis e motivadoras como, por exemplo, o desenho de um edifício, a reprodução da Torre Eiffel etc. Com crianças de primeiro grau, pedimos o desenho de objetos e animais (borboleta, gato, casa, campo de futebol).

Observações

1. Com frequência, uma ou duas pessoas realizam a tarefa, deixando de lado os demais participantes. Nesse caso, é recomendável a repetição da vivência possibilitando, com isso, que a maneira adequada de lidar com o problema receba *feedback* do facilitador e dos demais integrantes do grupo.

2. Quando o grupo já passou pela vivência número **31**, em geral os participantes demonstram ter aproveitado a experiência anterior, agindo democraticamente.

33. Buscando saídas

OBJETIVOS

Específicos

• Efetuar a "leitura" do ambiente social e de pequenas mudanças ocorridas em uma situação
• Elaborar alternativas de comportamento para uma mesma situação
• Reagir diferencialmente a pequenas mudanças na situação
• Estabelecer analogia entre situação simbólica vivenciada e problemas do cotidiano

Complementares
- Fazer pedidos
- Controlar a ansiedade
- Agradecer
- Elogiar
- Falar sobre si mesmo
- Desenvolver a criatividade

MATERIAIS

✓ Não há.

PROCEDIMENTO

O facilitador convida seis a oito pessoas para participarem como GV. Dá aos demais (GO) tarefas específicas de observação: a) do comportamento não verbal das diferentes pessoas em treinamento; b) das estratégias por elas utilizadas; c) das mudanças de desempenho em diferentes momentos do treinamento.

Em seguida, coloca uma pessoa no centro do espaço e as demais de mãos dadas formando um círculo ao seu redor. Instrui as pessoas do círculo para ficarem atentas às suas instruções ou "dicas" (verbais ou não verbais). Diz para a pessoa, colocada no interior do círculo, que ela se encontra simbolicamente em uma situação social problemática. Pede que ela imagine essa situação, que será resolvida quando ela conseguir sair do grupo. Completando, acrescenta, em tom audível a todos:

Sua tarefa, portanto, é sair dessa situação.

Após a primeira tentativa, geralmente bem-sucedida (ver item observação), a pessoa é recolocada na mesma situação, pedindo-se a ela que apresente, agora, uma outra alternativa, diferente da que já foi utilizada, para novamente sair do círculo. Neste segundo momento, caso seja necessário, o facilitador pode induzir alguma aversividade à situação, provocando a pessoa com perguntas do tipo:

A situação de ficar dentro do círculo lhe provoca desconforto? Você não quer tentar sair? Pense em outra alternativa.

A cada tentativa bem-sucedida, a pessoa deve voltar ao centro e elaborar outras alternativas melhores em relação aos desempenhos anteriores. Aos demais, solicita-se que permitam a saída da situação-problema se o desempenho da pessoa for considerado melhor que o anterior. Nesse caso, o facilitador pode dar sinais, ajudando o grupo a decidir se houve melhora ou não.

Após tentativas em que a pessoa se dirige a um interlocutor, chamando-o pelo nome, apresentando-se, expondo seu problema de maneira objetiva e clara, mantendo contato visual e postura pertinente à situação, pode-se aumentar a dificuldade, colocando-se as pessoas que formam o círculo de costas para ela, ou mesmo, restringindo-lhe o espaço de movimentação (apertando o círculo). Com isto, cria-se uma situação que requer desempenhos mais elaborados.

Naqueles casos em que a dificuldade é muito grande, seja por déficits de elaboração ou de desempenho, seja pelo alto nível de ansiedade, o facilitador pode solicitar a alguém do GO que ofereça "deixas" para auxiliar a pessoa do círculo. Por exemplo, circular ao redor do grupo falando em voz alta: *Por que será que a Helena está ali? Muita gente vive situação semelhante... Será que ela precisa de ajuda?* Espera-se que a pessoa em treinamento aproveite a "deixa" e peça ajuda. O colaborador está orientado de que deve apenas dialogar e instigar a reflexão da pessoa, sem fornecer as possíveis alternativas. Ao final, conduz uma reflexão sobre os problemas do cotidiano e as estratégias utilizadas para resolvê-los.

VARIAÇÕES

1. Ao invés de solicitar que o participante "saia do grupo", o facilitador poderá "trabalhar" a entrada no grupo. Nesse caso a pessoa seria posicionada fora do círculo formado por outros participantes e receberia a incumbência de entrar no grupo, criando alternativas cada vez mais elaboradas.

2. Em caso de dificuldade do grupo, o facilitador deve optar por iniciar a vivência colocando dois participantes no centro, ao invés de um. Esse procedimento gera menor ansiedade, porém, após um bom desempenho da dupla, cada um deve enfrentar, sozinho, a situação-problema.

3. Com grupos de crianças ou de adolescentes, o facilitador poderá indicar o tipo de problema que a pessoa está vivendo como, por exemplo: *você encontra-se perdido em uma floresta e quando sair daí, através de ações cada vez mais elaboradas, significa que está conseguindo escapar de vários problemas.*

OBSERVAÇÕES

1. Tanto devido à ansiedade provocada, quanto pela atenção requerida sobre as pequenas mudanças no desempenho, que precisam ser valorizadas, esta vivência pode ser considerada razoavelmente difícil de ser conduzida, devendo ser utilizada com cautela.

2. O critério para permitir as saídas do círculo pode variar de acordo com as dificuldades iniciais e com o progresso obtido pela pessoa na vivência.

3. Em quase todas as aplicações dessa vivência, a primeira alternativa utilizada pelas pessoas para sair do círculo é a de forçar o seu rompimento, separando vigorosamente as mãos dos colegas ou passando por baixo das mãos entrelaçadas.

4. Essa vivência deve ser realizada quando os participantes já tiverem um bom domínio das habilidades de iniciar, manter e encerrar contato social, solicitar ajuda e razoável controle da ansiedade.

5. É importante pedir aos participantes subsequentes que evitem, tanto quanto possível, imitar aqueles que os precederam no treinamento.

34. Misto-quente

OBJETIVOS

Específicos

- Lidar com críticas
- Dessensibilizar-se diante de situação de crítica
- Aceitar críticas justas
- Fazer críticas adequadas
- Controlar a impulsividade para reagir
- Rejeitar críticas injustas

Complementares

- Ouvir críticas com atenção
- Reconhecer os próprios sentimentos

MATERIAIS

✓ Lápis e folhas de papel sulfite.

PROCEDIMENTO

Nesta vivência, todos os participantes permanecem sentados. O facilitador inicialmente refere-se à habilidade de lidar com críticas, mesmo as justas, como a mais difícil no processo de desenvolvimento da competência social. Lidar com crítica implica nas habilidades de saber fazê-la, recebê-la e rebatê-la. Receber, por sua vez, desdobra-se em concordância ou discordância. Continuando, explicita os critérios de avaliação de críticas conforme detalhados no capítulo 4.

O facilitador apresenta a alternativa adequada de fazer crítica, conhecida como técnica do "sanduíche" que, resumidamente, consiste em iniciar a crítica apontando alguma coisa positiva do comportamento ou produto do comportamento do outro para, em seguida, referir-se a algo negativo e encerrar com nova referência positiva.

Após dar vários exemplos e solicitar que também os participantes exemplifiquem, indica uma pessoa para escolher alguém do grupo e fazer-lhe uma crítica utilizando essa técnica. A pessoa que recebe a crítica deve ouvi-la sem responder e escolher outra pessoa para fazer a sua crítica, dando prosseguimento ao processo. Encerrada a sequência de críticas, escolhe alguma pessoa do grupo solicitando: a) que a pessoa reproduza a crítica recebida; b) que expresse sua concordância ou não com ela; c) que relate seus sentimentos diante da forma como a crítica foi feita.

Caso o participante tenha se esquecido do conteúdo da crítica, pede-se àquele que a fez que a reproduza novamente. As críticas consideradas não adequadas (pelo conteúdo ou pela forma) devem ser refeitas, se necessário, com a ajuda de algum outro participante do grupo. Nesse caso, evita-se que o colaborador faça a tarefa ao invés de apenas auxiliar o colega.

Discute-se, também, a dificuldade de controlar a impulsividade (em responder imediatamente), os sentimentos envolvidos e a importância de ouvir atentamente as críticas, refletir sobre sua justeza e optar por respondê-las ou não.

Após isso, os participantes são instruídos a rebater as críticas, tendo em vista os critérios: veracidade, forma e ocasião. O facilitador cria situações onde cada um dos critérios será alternadamente desconsiderado. No primeiro caso, haverá rejeição da crítica; nos demais, os participantes deverão concordar com o conteúdo (fato), mas discordar quanto à forma e ocasião.

VARIAÇÕES

1. Nesta vivência, se os participantes têm dificuldade em fazer crítica oralmente utilizando a técnica "sanduíche", pode se pensar em um estágio anterior, pedindo que esta seja feita por escrito.

2. Como o objetivo é também o de receber críticas, elas podem ser preparadas pelo facilitador e distribuídas aleatoriamente aos participantes, que poderão aceitá-la ou não. O alvo da crítica também pode ser sorteado no momento.

Quando o grupo conta com pessoas que apresentaram queixas de criticismo e perfeccionismo excessivo pode ser útil uma detalhada exposição, dos critérios considerados importantes para a decisão de fazer críticas.

OBSERVAÇÕES

1. É comum que as pessoas, apesar da solicitação de permanecer apenas ouvindo, responderem impulsivamente às críticas que lhes são endereçadas. Nesse caso, o facilitador deve intervir insistindo no cumprimento da regra, procurando também tranquilizar os participantes, lembrando-os do caráter de treinamento da situação.

2. Esta vivência requer bom domínio das habilidades de controlar a ansiedade em situação de grupo, falar em grupo, dar e receber *feedback*, elogiar, ouvir com atenção, opinar em oposição a outra ideia ou argumento, recusar pedidos e expressar sentimentos.

35. A fumaça e a justiça

OBJETIVOS

Específicos

- Fortalecer a noção de justiça nas relações interpessoais
- Expressar solidariedade e empatia
- Analisar as relações que envolvem desequilíbrio de poder
- Lidar com preconceitos
- Resolver problemas e tomar decisão em grupo

Complementares

- Valorizar a dimensão ética da competência social
- Trabalhar em grupo

MATERIAIS

✓ Folha contendo parte da história a ser apresentada inicialmente ao grupo:

> Um pobre homem perambulava pelas ruas de um antigo povoado persa. Tinha no bornal um pão endurecido e pensou em comê-lo, quando avistou, próximo de uma casa, na rua, uma pessoa fazendo um cozido com pedaços de carneiro, algumas raízes e temperos. Tentando tornar seu pão mais tragável e macio, o homem aproximou-se do caldeirão, virando e revirando o pão na fumaça que desprendia do cozido.
>
> O proprietário, vendo-o, queixou-se que algumas cascas do pão caíram sobre sua refeição e que por usar a fumaça que lhe pertencia o homem teria que pagá-la. Um funcionário do governo, que ali passava, assistiu à discussão e, não sabendo como lidar com a pendência, levou-os até o tribunal onde o vizir, homem sábio e com autoridade, resolveria a disputa.
>
> Após ouvir a queixa do proprietário, o vizir perguntou ao pobre:
>
> – De quem é o pão?
>
> – É meu, senhor, pretendia comê-lo como almoço.
>
> – É certo que pequenas migalhas de seu pão caíram sobre o guisado?
>
> – Sim, senhor.
>
> – De onde vem a fumaça?
>
> – Da água que ferve o carneiro com outros alimentos que estão no caldeirão sobre o fogo.
>
> – Esse homem é proprietário desse guisado?
>
> – Creio que o é, de fato.

✓ Folha com o final da história a ser apresentada ao término da vivência.

> O vizir pede ao pobre que entregue, ao dono do guisado, todas as moedas que possuía e trava, com este, o seguinte diálogo:
>
> – Balance essas moedas em suas mãos.
>
> – Sim senhor, responde o dono do carneiro, movimentando as mãos.
>
> – Você ouve o tilintar das moedas? Pergunta novamente o vizir.
>
> – Escuto o ruído perfeitamente, meu Senhor.
>
> – Pois bem, fique com o barulho. Este é o pagamento deste homem por ter usado a sua fumaça. Agora, devolva-lhe as moedas.
>
> Dito isso, deu por encerrada a audiência.

PROCEDIMENTO

O facilitador divide o grupo em subgrupos e entrega, a cada um deles, o texto da história, com duas questões que o grupo deve discutir e responder consensualmente:

a) Que solução o vizir apresentou para o caso?

b) Que solução o grupo apresenta?

Após elaborarem a resposta do grupo, pede que cada um apresente a sua resposta e conduz a discussão, verificando as concordâncias/discordâncias, solicitando análise das respostas menos esperadas etc.

Ao final, o facilitador relata o diálogo entre o vizir e os dois contendores, destacando, na solução por ele apresentada, o uso da criatividade e a preocupação com a justiça.

VARIAÇÕES

1. A história pode ser objeto de dramatização, incluindo as alternativas de solução propostas pelo grupo.

2. Formando-se vários subgrupos, o facilitador solicita a um ou a dois deles (sem que os demais grupos percebam) que os participantes se esforcem para se colocarem no lugar do homem pobre.

3. Pode-se apresentar características presumíveis, dando ao personagem (o pobre) nacionalidade/etnia (judeu, etíope, cigano), religiosidade (muçulmano, budista, descrente), para verificar possíveis formações de estereótipos e influências sobre o julgamento.

OBSERVAÇÕES

1. Esta história foi adaptada da lenda descrita no livro *Mensagens dos Mestres*[12].

2. Dentre os vários grupos que passaram por essa vivência, a maioria tem apresentado os seguintes encaminhamentos: a) divisão igualitária do carneiro e do pão entre

---

12. Ver: Rodrigues, A.F. (1996). *Mensagens dos Mestres*. São Paulo: EME.

o dono do cozido e o pobre; b) cobrança de imposto ao dono do carneiro, por utilizar o espaço público, que deveria beneficiar o pobre.

36. Entrada no céu

OBJETIVOS

Específicos

- Conversar com pessoas de autoridade
- Desenvolver argumentação e justificativas
- Desenvolver a persistência
- Aceitar crítica e alterar o próprio desempenho
- Falar de si mesmo, relatar experiências
- Exercitar a criatividade

Complementares

- Fazer leitura do ambiente
- Dar *feedback*
- Desenvolver postura apropriada ao papel vivenciado

MATERIAIS

✓ Giz, barbante.

PROCEDIMENTO

Solicita-se a participação de cinco integrantes do grupo para a vivência (GV). Caso ninguém se apresente, o facilitador poderá indicar algumas pessoas. Os demais (GO) recebem a incumbência de observar e apresentar *feedback* ao final do desempenho. Com um giz, o facilitador faz um traço no chão, delimitando o espaço em duas partes. Incumbe dois dos integrantes a desempenharem o papel de anjos guardiões, permanecendo próximos do traço que delimita a entrada no céu. Os outros participantes devem, cada um por sua vez, apresentarem-se aos guardiões com uma justificativa aceitável para entrarem no céu.

Cabe aos guardiões, a admissão ou rejeição, com base nos seguintes critérios: a) o conteúdo da justificativa deve ser criativo, relevante e não pode ser repetido; b) o desempenho social na interação deve ser adequado, por exemplo, ao modo de iniciar e manter a entrevista com os anjos, contato visual, postura correta, gesticulação variada e pertinente ao conteúdo da fala etc., sem postura ou gestos afetados (de falsa humildade). A reprovação do pedido indica a necessidade de análise do próprio desempenho e sua reformulação.

Ao GO cabe: a) identificar quem aprendeu pela própria experiência (alteração de desempenho falho e manutenção do bom desempenho); b) apontar quem aprendeu pela experiência de observação do desempenho do outro; c) apresentar *feedback* positivo aos participantes.

Após solicitar avaliação e *feedback* do GO, o facilitador discute os objetivos dessa vivência.

VARIAÇÕES

1. A tarefa de fazer solicitações pode ser realizada em pequenos grupos, facilitando o exercício de algumas habilidades treinadas anteriormente, tais como opinar, discordar, coordenar grupo etc.

2. Ao invés do céu, esta vivência pode ser adaptada para outras situações como: entrada em um clube, admissão em um emprego, solicitação de atendimento médico etc.

OBSERVAÇÃO

Os grupos de crianças e adolescentes têm se mostrado muito criativos e motivados nesta vivência. Em um grupo com crianças, na faixa etária entre seis e nove anos, um garoto foi entrando e, ao ser barrado, disse: *Hei, cara, você não está me reconhecendo não? Eu sou o filho do dono!* E os guardiões permitiram então a sua entrada.

37. Sua vez, outra vez!

OBJETIVOS

Específicos

- Compreender que muitos problemas podem ter diferentes alternativas de solução
- Gerar diferentes alternativas de solução para um mesmo problema

Complementares

- Reconhecer o desempenho dos colegas como fontes geradoras de ideias para a geração de alternativas
- Exercitar a criatividade

MATERIAIS

✓ Bolas de tênis, lousa, giz.

PROCEDIMENTO

O facilitador convida a todos para participarem da vivência. Retira, então, de uma caixa ou sacola, várias bolas de tênis, jogando-as, uma a uma, para diferentes pessoas do grupo, preferencialmente para aquelas que estão distraídas, fazendo referência à necessidade de atenção. Instrui para que cada pessoa permaneça o mínimo de tempo com a bola, atirando-a em direção a outro participante. Após algum tempo, a "brincadeira" é interrompida e as bolas são recolhidas dividindo-se o grupo em GV (preferencialmente com cinco pessoas) e GO.

O facilitador solicita que o GV sente-se no chão, ou em cadeiras, formando um círculo e pergunta ao GO (mostrando uma bola de tênis) quantas vezes o GV conseguirá passar a bola de um para outro membro até retornar à pessoa que iniciou o processo, sem repetir as formas utilizadas. As projeções são registradas na lousa, iniciando-se a tarefa com a participação atenta do GO que deve indicar eventuais repetições de alternativas na passagem da bola. O facilitador pede ao GV que inicie sua tarefa de passar a bola e que um dos membros do GO vá dizendo em voz alta o número de vezes que a bola retorna ao seu ponto de partida.

Após algum tempo, o processo é interrompido, explicitando-se, no entanto, que as alternativas não estão esgotadas. Discute-se a vivência com o grupo todo, como uma metáfora dos problemas do cotidiano e das formas de solucioná-los. Verifica-se, também, com o GV, se alguém, em algum momento, sentiu-se incapaz de criar novas alternativas e como isso influenciou o seu desempenho.

VARIAÇÕES

1) Não se dispondo de bolas de tênis, podem ser usados outros tipos de bolas ou também outros objetos, tais como: lata de refrigerante, caixa de papelão etc.

2) Esta vivência, como a de número **26** ("Inocente ou culpado?"), podem ser utilizadas como ilustração de exposição sobre a técnica de tomada de decisão e resolução de problema (cf. capítulo 4).

OBSERVAÇÕES

1. Durante a vivência, o facilitador pode avaliar a criatividade dos participantes do GV, suas eventuais dificuldades para gerar alternativas e possíveis fatores "bloqueadores" (verbalizações de incapacidade, ansiedade, autoavaliação da própria alternativa gerada etc.).

2. Na maioria dos casos em que esta vivência foi empregada, as estimativas sobre o número de vezes de condução da bola sem repetir o processo foram baixas, sendo rapidamente suplantadas. A estimativa mais alta foi de quinze vezes. Em uma eventual estimativa exagerada, não há necessidade de superá-la, pois isso tornaria a tarefa cansativa.

38. Perdidos na ilha

OBJETIVOS

Específicos

- Coordenar grupo (ouvir, perguntar, responder perguntas, avaliar, acalmar pessoas)
- Analisar situação-problema
- Tomar decisões em grupo
- Demonstrar solidariedade

Complementares

- Avaliar desempenhos
- Observar comportamentos e situações

MATERIAIS

✓ Tiras de papel cartão com as instruções:

Quem está coordenando o grupo?
Quem faz perguntas pertinentes à solução do problema?
Quem demonstra maior ansiedade?
Quem demonstra mais negativismo?
Quem procura manter o ânimo do grupo?

✓ Cartão com a situação-problema a ser apresentada oralmente:

Vocês escaparam de um naufrágio e encontram-se em uma ilha. Não há rádio de comunicação ou qualquer outro meio para vocês pedirem socorro. Caminhar em direção ao interior da ilha significa perigo de morte. A ilha é envolvida por um nevoeiro que torna inútil qualquer tentativa de fazer uma fogueira para chamar a atenção de navios ou de aviões. Além do mais, a fumaça poderia atrair selvagens perigosos, localizados não muito distantes de onde vocês se encontram. Um de vocês (o grupo decide quem) encontra-se ferido na perna. Inspecionando ao redor, dois dos náufragos (novamente o grupo decide quem serão) encontram um barco em bom estado de conservação, dois remos utilizáveis, uma corda com cerca de três metros,

um garrafão de cinco litros, com tampa, porém vazio. Ficam felizes! Um dos que descobriram esses recursos lembrou-se que possuía um canivete no bolso.

Aos poucos, a tristeza substitui a alegria ao constatarem que no barco cabem somente cinco pessoas e o garrafão com água, necessária para a fuga da ilha. O que fazer? Quais deveriam ser salvos? Quem deveria ficar na ilha e morrer para salvar os outros? Qual o critério para essa escolha?

PROCEDIMENTO

O facilitador solicita a participação de seis integrantes do grupo para constituir o GV enquanto que aos demais (GO) são distribuídas as tiras de papel com instruções individuais diferentes para observação.

Primeiramente, o facilitador narra a situação que o GV deve vivenciar e pede que comecem a discutir o problema, observando o GV. Havendo muita demora na resolução do dilema, pode-se interferir dizendo que em pouco tempo chegarão selvagens armados que ouviram a discussão. Caso seja percebido que o grupo necessita de ajuda, procura-se fornecer algum elemento que facilite a resolução do problema, por exemplo:

> *Abrindo o garrafão vocês vão encontrar um bilhete escrito em um papel amarelado pelo tempo, onde só é possível ler um trecho que diz: "Achei água de coco. Maldição... Eureka. Só coco..." e uma assinatura presumida como sendo Arquimedes, tendo abaixo o símbolo de uma caveira.*

Após um novo tempo, se o grupo não foi capaz de resolver o problema, o facilitador sugere que eles analisem todas as palavras do bilhete encontrado e tentem entender o seu significado ou ainda fazer perguntas como:

a) *Quem assinou o bilhete?*
b) *O que significa essa caveira?*
c) *Quem é essa pessoa? etc.*

Ao final, solicita-se que os integrantes do GV avaliem o desempenho do grupo como um todo e o próprio desempenho no grupo e que ouçam as observações registradas pelos membros do GO. Discute-se sobre as habilidades necessárias para a resolução de problemas em grupo e as dificuldades encontradas.

VARIAÇÕES

1. Dependendo do desempenho do grupo, poderão ser feitas alterações quanto ao tempo restante disponível para aumentar o envolvimento dos participantes na solução do problema.

2. Pode-se, também, introduzir outros personagens na situação.

OBSERVAÇÕES

1. Na maioria das vezes, os grupos de jovens chegaram à solução do problema com pouca ou nenhuma ajuda, ao contrário dos grupos de adultos. Em nossa experiência, isso tem ocorrido independentemente da escolaridade.

2. O problema é solucionado quando se decide que todos irão de barco e que o garrafão de água será conduzido fora do barco, amarrado a este (dentro da água seu peso é reduzido, conforme o Teorema de Arquimedes).

39. Regressão no tempo

OBJETIVOS

Específicos

- Melhorar a compreensão sobre as diversas fases do desenvolvimento humano
- Refletir sobre o sentido da vida
- Discriminar e nomear emoções
- Reconhecer a relação entre pensamento, sentimento e comportamento

Complementares

- Exercitar a autorrevelação (falar de si mesmo)
- Exercitar a expressividade corporal
- Desenvolver uma melhor percepção de si mesmo

MATERIAIS

✓ Colchonetes.

PROCEDIMENTO

O facilitador solicita a participação de todos, pedindo que caminhem livremente. Após cerca de dois minutos, interrompe a caminhada, instruindo que escolham um ponto do espaço de vivência para permanecerem.

Dá, então, instruções para que os participantes regridam até uma idade anterior e se comportem (caminhando, falando consigo mesmo, gesticulando etc.) de acordo com aquela fase. Continua a regressão (utilizando-se de uma escala antecipadamente preparada com base na idade das pessoas do grupo) até os primeiros anos, meses e a idade fetal. Na última fase, são espalhados os colchonetes para as pessoas se deitarem, adotando a posição fetal. Reproduz, em sequência, o nascimento, instruindo que os bebês também participam do ato de nascer. Em cada fase, e em especial em alguns momentos críticos do desenvolvimento, o facilitador enfatiza a importância de acontecimentos: *nessa idade vocês estão se preparando para o vestibular, procurem lembrar o que sentiam... Vocês agora estão passando por mudanças biológicas importantes, o aparecimento de pelos pubianos... Pensem nos primeiros dias de escola, os colegas... os professores... Como vocês se comportavam...*

O facilitador estimula a todos de maneira geral (ou em particular, caso necessário) a participação ativa no parto. Após os primeiros anos de vida (engatinhar, andar, falar) induz o retorno até a idade real dos participantes.

Ao final, solicita uma avaliação da experiência, incentivando que as pessoas falem sobre seus sentimentos, medos, pensamentos e comportamentos em cada fase.

VARIAÇÕES

1. Podem-se utilizar músicas que marcaram determinadas épocas e/ou apresentar em álbum seriado aconteci-

mentos históricos como, por exemplo, a queda do muro de Berlim, a ida do homem à lua, o primeiro satélite com Gagarin, o movimento dos "caras pintadas" etc.

2. Dependendo do grupo e de seu estágio no programa, é possível introduzir uma reflexão sobre o sentido da vida, o que os participantes esperam, desejam etc.

OBSERVAÇÕES

1. Esta vivência não tem qualquer associação com as chamadas terapias de vidas passadas. Se o facilitador compreender que o grupo faz alguma relação, deve esclarecer que se trata de uma vivência consciente, com outros objetivos.

2. Tomando-se como exemplo um grupo de jovens com aproximadamente 25 anos, pode-se pensar em uma regressão com as idades: 22, 19, 16, 11, 9, 6, 4, 2, 10 meses, 3 meses e 8 meses de idade fetal. O sentido contrário focaliza-se em primeiro lugar no nascimento, mantendo-se os mesmos intervalos de tempo.

3. As pessoas excessivamente rígidas podem apresentar dificuldade para se comportarem diferentemente da maneira própria da fase em que se encontram. Ao verificar isso, o facilitador deve ajudá-las, estimulando-as, elogiando-as em seus esforços e solicitando que observem o desempenho de seus colegas.

40. Avanço no tempo

OBJETIVOS

Específicos

- Desenvolver a autoconfiança
- Reconhecer a relação entre cognição e comportamento
- Refletir sobre o sentido da vida
- Compreender a necessidade de planejar objetivos de vida

Complementares
- Exercitar a autorrevelação (falar de si mesmo)
- Exercitar a expressividade corporal

MATERIAIS

✓ Colchonetes.

PROCEDIMENTO

Esta vivência é semelhante à de número **39** ("Regressão no tempo"), diferindo na direção cronológica: ao invés do passado, projeta-se gradualmente para o futuro, até a idade provecta (avançada).

A cada etapa, o facilitador solicita que as pessoas imaginem que se encontram em uma determinada idade futura e se comportem (postura, fala, andar) conforme as características supostas nesse período vital. Por exemplo:

> *Agora vocês têm 40 anos, procurem se comportar como se estivessem com essa idade. Isso mesmo... assim... Agora todo mundo tem 50 anos... Comportem-se de acordo com essa idade... Conversem uns com os outros... Assim, ótimo, alguém está falando sobre os netos, outro se encontra com amigo da juventude...*

As pessoas deverão vivenciar experiências futuras, algumas planejadas, ou previstas, outras nem tanto: a constituição da família, a escolha do trabalho, a relação com os filhos, o enfrentamento de uma organização social diferente, o reencontro com amigos, a morte de parentes e amigos, a aposentadoria, o medo da morte etc.

Reproduz, então, o retorno à idade atual e solicita a narrativa da experiência, discutindo as limitações biológicas e sociais e as estratégias de bem viver nas diferentes fases da existência. Discute também a possibilidade de melhora da compreensão das dificuldades vividas por outras pessoas, quando nos colocamos no mesmo estágio de desenvolvimento delas.

VARIAÇÕES

1. Pode-se incluir nas fases "mais adiantadas da vida" o reencontro dos participantes do grupo. O facilitador apresenta o contexto (rua, praça, teatro) onde haveria o reencontro, pedindo que eles falem um pouco das experiências que tiveram no grupo de Treinamento de Habilidades Sociais (há cerca de 30 ou 40 anos).

2. Dependendo do tipo de grupo e do estágio em que ele se encontra no programa, pode-se incluir uma reflexão sobre a vida e a morte, permitindo que os participantes expressem seus medos, crenças e esperanças.

3. Pode-se incluir, na projeção do tempo futuro, a vivência da morte. No entanto, esta variação deve ser feita com bastante cautela, requerendo um bom conhecimento dos recursos emocionais dos participantes e um bom preparo do facilitador para lidar com eventuais descontroles emocionais de um ou outro participante.

OBSERVAÇÃO

Esta vivência, independentemente da inclusão das variações 2 e 3, permite verificar, entre outros aspectos: a) temores reais ou infundados sobre o futuro; b) autoconfiança; c) medo da morte (própria ou de outrem) e dificuldade em lidar com essa situação.

7
A NECESSIDADE DE NOVAS RELAÇÕES INTERPESSOAIS

> *É indispensável insistir neste princípio: o desenvolvimento humano só poderá ser adequadamente atingido por meio da reforma das relações interpessoais.*
>
> Humberto Mariotti

Há um mundo em transformação contínua, rápida e nem sempre tranquila. Essa transformação, em muitos setores, é silenciosa e difícil de ser percebida. Nas ciências, o paradigma mecanicista[1] de Newton começou a dar sinais de esgotamento quando, precisamente na Física, revelou-se restrito para dar conta dos fenômenos ligados à experimentação com o átomo e ao movimento dos corpos celestes. Passado o momento de perplexidade, dúvida e também angústia, surgiu uma nova visão da matéria e do universo através das teorias quântica e da relatividade.

Mas é na tecnologia que as transformações se operam com maior rapidez. No setor da cibernética e da chamada tecnologia de ponta, vive-se em permanente cumplicidade com o imediatismo. Computadores admiráveis, sobre os quais não se obtive ainda total familiaridade, são deixados de lado, descartados, substituídos por novos modelos cada vez mais sofisticados. A fome pela novidade parece insaciável. Neste setor, não há tempo para reflexão. O tempo, ele próprio, parece ser uma injunção a exigir coisas novas. A revolu-

---

[1]. O paradigma mecanicista refere-se ao modelo que orientou a Física Clássica, baseado nas leis da Mecânica descobertas principalmente por Newton.

ção da cibernética veio para ficar, recitam em uníssono os novos crentes interligados à divindade/máquina que, semelhante aos deuses familiares greco-romanos ou aos padroeiros da família no catolicismo antigo, ocupa hoje o lugar que um dia pertenceu àqueles.

Se há um admirável mundo novo se instalando, maravilhoso e ao mesmo tempo assustador, cheio de promessas de bem-estar, as consequências de sua instalação e de sua permanência trazem, também, uma série de problemas e desafios de grande monta reclamando soluções criativas, eficientes e urgentes.

Nesse início de milênio, uma nova ordenação mundial se impõe, agora com base na diplomacia do respeito às diversidades culturais e de visões de mundo que substituam as decisões unilaterais guiadas pela arrogância dos países que ainda pensam no exercício do direito do poder em detrimento do poder do direito. Nessa ordem, o Direito Internacional terá de se constituir em doutrina vivificada com novos códigos emanados da solidariedade e da preocupação com a vida em escala planetária. A identidade nacional de etnia deverá, em diversos momentos, dar lugar a uma nova categoria: a da identidade planetária.

A ONU e seus organismos deverão ser fortalecidos com o máximo de representatividade, de modo que essa entidade não mais venha a exercer o papel de agência referendadora das decisões do Pentágono, como quase sempre tem acontecido. Nesse sentido, o conjunto dos problemas mais agudizantes, do qual apenas uma pequena parcela da humanidade tem consciência, deve ser explicitado para todos os países e, também, para o maior número possível de entidades (por exemplo, as ONGs – Organizações Não Governamentais), para que todos possam ter consciência da gravidade das questões e empreguem, dentro de suas possibilidades, esforços continuados na busca de soluções.

Um grande desafio que se coloca, então, é o destino a ser dado à crescente produção de sobras, principalmente as não degradáveis, nos vários setores de atividades da organização social, em especial aquelas mais perigosas à vida, incluindo-se aí os artefatos que circulam na órbita terrestre. Como exemplo de perigo iminente, tem-se a poluição das águas e a sua escassez em futuro não muito distante. A preservação de mares, rios e lagos se impõe como um desafio a gerar, no cotidiano das pessoas, novas atitudes e comportamentos em relação ao uso do precioso líquido.

Existem previsões de que a agricultura produzirá, nos próximos cinquenta anos, mais cereais do que se chegou a consumir nos últimos dez mil anos. Não há dúvida quanto a um aumento crescente da demanda por alimentos. A biotecnologia poderá ajudar o homem a responder positivamente a essa necessidade futura. No mundo inteiro, cerca de trinta milhões de hectares já vêm sendo cultivados através de sementes geneticamente manipuladas. No entanto, os riscos parecem assustadores. Por exemplo, o consumo de soja transgênica vem sendo relacionado ao aumento dos casos de alergia. Algumas ONGs falam em poluição genética, conceituada em termos da disseminação de genes em ecossistemas que não lhes são próprios[2]. Pelo que se sabe, e nem tudo vem sendo divulgado, alguns problemas sérios foram detectados. É o caso dos chamados porcos de Beltsville, que receberam gene humano para a produção do hormônio de crescimento. Esses animais desenvolveram vários problemas (ao contrário de ratos e coelhos) como artrite, letargia, alta taxa de mortalidade etc.

Não obstante o discurso de eliminar a fome, é inegável uma motivação econômica na base dos maciços investimentos na biotecnologia. Considerando a atual população mundial, há hoje uma produção excedente calculada em cerca de 3kg/dia por habitante evidenciando que o problema mais básico é o de distribuição desequilibrada do alimento produzido. Apesar dos problemas, não defendemos a interrupção das experiências na área da genética, mas entendemos que a sociedade deve assumir uma posição firme debatendo, divulgando, promovendo leis reguladoras e exigindo severo controle por parte dos governos. Somente uma postura de vigi-

---

2. Ver em: *Ciência Hoje*, 27(60), maio de 2000, artigos interessantes sobre o assunto.

lância contínua pode maximizar os benefícios e diminuir os efeitos indesejáveis nessa área.

Precisamos de uma nova economia humanizada em que racionalidade, produção e produtividade, ilustradas por coeficientes, planilhas, programas e representações gráficas possam incluir, ou ter como base, elementos como satisfação, bem-estar, preservação e felicidade, que deveriam fazer parte do planejamento econômico das nações. Se essas ideias fizerem sentido, os conceitos sobre desenvolvimento econômico e riqueza certamente terão que ser revistos. Tome-se, por exemplo, a riqueza cumulativa dos Estados Unidos. Tal acumulação vem sendo realizada com a utilização de 40% das reservas mundiais, sendo que o seu benefício direto alcança apenas cerca de 6% da população do globo.

Entre outros problemas urgentes, está o direito ao trabalho, que não vem sendo operado e que deverá fazer parte dos fenômenos a serem enfrentados por uma nova economia. Para além das estatísticas dessa situação, não se deve esquecer que os números representam pessoas. São milhões de pessoas empurradas para fora do sistema produtivo. Vemos multidões lutando sozinhas contra o desespero, a miséria e a vergonha. Vergonha porque a cada uma, como a nós também, foi ensinado que o não trabalho corresponde à desonra. Apesar do desemprego ter, agora, um reconhecimento diferenciado do que existiu em outros momentos da história, como corretamente assinala Forrester[3], os desempregados, vítimas dessa situação, são tratados e julgados pelos mesmos critérios do passado, quando as crises, embora dolorosas, permitiam vislumbrar, mais adiante no tempo, a sua superação. O aumento crescente dos sobrantes vai criando um *apartheid* social extremamente preocupante especialmente por anestesiar a capacidade de reação da sociedade civil e pela disseminação da crença de inevitabilidade desse processo.

Embora a taxa de desemprego possa se acelerar nos países centrais, a diferença com os periféricos (como é o caso do

---

3. Forrester, V. (1981). *O horror econômico*. São Paulo: Editora da Universidade Estadual Paulista.

Brasil) é que estes não possuem fundos públicos de redução da miséria e nem sociedade civil bem organizada. Além disso, convivem historicamente com o privilégio e a impunidade nas várias maneiras de sonegação fiscal. Neste quadro, o mesmo governo permissivo diante das instituições financeiras que não recolhem impostos de renda, investe duramente no enxugamento do funcionalismo público, tornando mais precário o atendimento à população carente nos serviços públicos tradicionais. Os nossos governantes (e isso não se restringe ao Brasil) estão demorando a raciocinar em termos de qualidade de vida. As nações, estados, cidades e vilas têm sido reduzidas [a] e representadas por códigos como PIB (produto interno bruto), renda *per capita*, PEA (população economicamente ativa) e outras nomenclaturas desprovidas da significação humana.

A ideia de nação, embora não muito antiga, evoca naturalmente hoje uma representação psicológica de povo como conjunto de pessoas em território circunscrito. Um espaço territorial coletivamente possuído, por um direito natural, pelas pessoas que aí nascem e vivem. Essas coletividades desenvolvem o sentimento de pertença e de diferenciação[4] e expressam suas identidades nacionais ao se autocategorizarem como brasileiros, australianos, chineses, cubanos. São povos que acumularam produtos culturais desde suas origens, transmitindo-os aos seus descendentes e criando história própria e coerente. São nações com contingentes diferenciados, mas que se apresentam com características semelhantes em vários aspectos. São pessoas que choram, riem, trabalham, esperam, amam, odeiam e que, em muitos momentos, desenvolvem conflitos internos, regionais, entre grupos e também de caráter interpessoal. Esses povos, quaisquer que

---

4. As noções de pertença e de diferenciação estão sendo utilizadas, aqui, de acordo com as teorias da identidade social e do comportamento intergrupal de Tajfel. O leitor poderá localizar o assunto em: Tajfel, H. (1982). *Grupos humanos e categorias sociais*. Lisboa: Livros Horizonte (vol. II); Del Prette, A. (1991). Do estudo de grupos ao estudo dos movimentos sociais: A contribuição possível da Psicologia. *Psicologia: teoria e pesquisa*, 7, 6, 247-253; Del Prette, A. (1993). Em busca de uma abordagem psicológica na análise dos novos movimentos sociais. *Ciência e Cultura*, 42(12), 1060-1066.

sejam, não se reduzem a produtos materiais ou ao lastro de suas moedas e não podem ser avaliados e reconhecidos tão somente pelos indicadores econômicos a eles agregados.

Todas as expressões comumente utilizadas para se fazer referência ao desenvolvimento de um país são, quer em seu estágio inicial, quer em seu estágio final, produtos das relações dos homens entre si e com o mundo físico (natureza e objetos da cultura). Nada, decididamente nada, ocorre na produção da cultura sem que, direta ou indiretamente, haja entre as pessoas algum tipo de relação. As relações construídas em várias épocas da humanidade e na história particular de cada povo foram marcadamente impressas por crenças religiosas, filosóficas, também derivadas do sistema produtivo e de componentes de uma cultura desenvolvida ao longo do tempo.

1. Novos fatos e suas consequências

As mudanças que ocorreram e ocorrem no mundo, orientadas pelo novo liberalismo, não foram capazes por si mesmas de vivificar valores como cooperação, solidariedade, preservação ecológica e pacifismo. Com isso, não conseguiram gerar novos padrões relacionais positivamente saudáveis e generalizados que, por sua vez, fortalecessem estes valores resultando em produtos culturais tais como normas e códigos (explícitos ou não) capazes de regular relações de conflito potencial, seja entre pequenos grupos ou entre categorias sociais amplas. Economia globalizada e mercado flexibilizado, mas sob o controle de governos fortes ou oligopólios poderosos, não são geradores desse tipo de relação[5]. Antes, ao contrário, vêm firmando noções e valores individualistas, calcados no ter (consumismo desenfreado) e na maximiza-

---

5. Atualmente podem ser encontrados vários estudos sobre os efeitos da globalização e da economia. Entre outros destacamos: Santos, B.S. (1999). Reinventar a democracia: Entre o pré-contratualismo e o pós-contratualismo (31-75). Em: A. Heller e S.B. Santos (Orgs.), *A crise dos paradigmas em Ciências Sociais e os desafios para o século XXI*. Rio de Janeiro: Contraponto-Corecon. Nesse estudo, os efeitos das políticas neoliberais são considerados como instauradores de um "fascismo social", subdividido em o "causador de *apartheid* social", "o fascismo do Estado", "o paraestatal", "o da insegurança" e "o financeiro".

ção do lucro, em detrimento do ser e da distribuição das riquezas materiais e culturais, principalmente porque essa visão neoliberal favorece a passagem de uma economia de mercado para uma sociedade de mercado, levando a estas e a outras implicações.

Apesar disso, observa-se uma contrarreação a esse estado de coisas, com intelectuais, pesquisadores, professores e pais, preocupados com a situação presente, buscando alternativas, através da pesquisa ou do engajamento em movimentos sociais de educação libertadora, coerentes com as exigências de um novo tempo. Na feliz expressão de Guattari[6], uma revolução molecular está em andamento e ocorre em quase todas as partes do mundo. Em silêncio, sem alarde, optando por formas alternativas de divulgação e preferindo, sempre que possível, evitar a mídia barulhenta, esses movimentos crescem e desenvolvem resultados que, em vários setores, parecem conduzir a ensaios de novos padrões de relacionamento guiados pelo ideal de promover uma sociedade mais humanizada[7].

Um novo padrão de relações entre as pessoas é, igualmente, o que deve ser estendido entre grupos e entre coletividades amplas. Esse padrão só é novo pela explicitação de seus elementos fundamentais e por ser proposto como alvo direto de objetivo educacional, formal (escola) e informal (família), pois tem sido praticado por muitas pessoas, anônimas ou famosas, em todas as épocas da história. Um exemplo não muito distante foi o da independência da tutela britânica, consolidada pela Índia em 1947, graças à ação incansável de Gandhi que substituiu a estratégia da luta armada pela resistência da ação de não violência. Gandhi obteve liderança interna e projeção internacional sem precedentes, através de

---

6. Guattari, F. (1989). *As três ecologias*. Campinas: Papirus.

7. São inúmeros os exemplos de dedicação e esforços na construção de uma nova sociedade, embora a maioria passe despercebida da imprensa e da mídia. Esses trabalhos de pequenos grupos vão, inclusive, fortalecendo noções que podem induzir a revisão dessa temática em algumas disciplinas das Ciências Sociais e Humanas. É o caso do conceito de direito insurgente, que contempla às vezes o legítimo (defesa da vida) em detrimento do legal.

um modo bastante simples de relacionamento, a não violência (*satyagraha*). No plano interno, o Mahatma (grande alma) mantinha contato amistoso com todos os estratos da complexa sociedade indiana, incluindo os intocáveis[8]. Com os demais países, nunca se furtou ao diálogo mesmo com os colonizadores ingleses. É difícil encontrar no século XX alguém tão respeitado e admirado. Em nossa visão, considerando as mudanças por que passa o mundo, a reflexão sobre um novo padrão relacional é de fundamental importância, podendo-se dizer que, de alguma maneira, ela já vem sendo feita, porém com outros substratos de análise[9].

Não é nossa intenção, neste momento, analisar de maneira sistematizada os movimentos que vêm orientando essa revolução no plano das relações interpessoais nem proceder a um levantamento exaustivo de suas várias formas de expressão. Pretendemos, tão somente, pontuar o contexto que nos leva a buscar, na Psicologia, indicadores de alinhamento com essas tendências bem como elementos conceituais e metodológicos que permitam compreender esse novo padrão relacional entre as pessoas e contribuir para seu aperfeiçoamento.

2. Propostas para um novo padrão relacional

Grande parte de nossa vida ocorre nas interações com outros indivíduos. Aqueles que evitam os contatos sociais, isolando-se, são mais propensos aos problemas psiquiátricos, tais como dependência psicoativa, alcoolismo, depressão episódica e sentem-se infelizes e não realizados. A ausência prolongada de relações satisfatórias, conforme indicam as pesquisas, está, também, associada às doenças físicas, estresse

---

8. O termo intocável faz parte da divisão de castas do hinduísmo. As pessoas consideradas intocáveis encontram-se no grau inferior da divisão e são consideradas párias. Embora, na Índia atual, predomine o hinduísmo, outros movimentos religiosos do passado como o Budismo, e da atualidade, como a doutrina de Sai Baba, se opõem à discriminação.

9. Pode-se exemplificar pelo movimento da Psicologia Transpessoal. Ver: Grof, S. (1984). *Psychologie transpersonnelle*. Mônaco: Rocher; Walsh, R. e Vaughan, F. (Orgs.), (1991). *Além do ego: Dimensões transpessoais em Psicologia*. São Paulo: Cultrix: Pensamento.

crônico e tendência ao suicídio[10]. Fala-se muito hoje nas pressões, em todos os campos da vida social, para que as pessoas se comportem diferentemente do que fazem ou que faziam há alguns anos. Termos como inteligência social, sensibilidade, empatia, desenvolvimento interpessoal, assertividade e inteligência emocional se popularizaram, sendo usados muitas vezes com diferentes e duvidosos significados. Propõem-se perfis de alunos e profissionais idealizados, onde se valorizam as capacidades de boa comunicação, controle emocional, mente criativa e aberta para aceitação de críticas, facilidade de trabalhar em equipe, capacidade para reconhecer a qualidade dos outros, prover elogios e *feedback*, liderar de forma construtiva etc. Idealiza-se um novo homem para um novo século, que deve ser construído com base em relações mais saudáveis. Essa noção de homem adjetivado de integral não provém dos sistemas religiosos tradicionais do Ocidente, eles próprios sofrendo pressão de fora para dentro e buscando modificar as formas de relacionamentos institucionais[11]. Provém certamente de uma nova mentalidade cultural, descrita em termos de paradigmas alternativos que agregam valores, práticas e propostas associados a uma visão crítica das antigas formas de convivência nos diversos setores das atividades humanas.

A compreensão desses novos paradigmas e, principalmente, a busca de alternativas e de práticas de promoção dos novos padrões relacionais que estão sendo requeridos em nosso

---

10. Várias pesquisas na área do Treinamento das Habilidades Sociais trazem dados sobre essa afirmação. Entre outros: Trower, P. (1980). Situational analysis of components and processes of behavior of social skilled and unskilled patients. *Journal of Consulting and Clinical Psychology, 48*, 327-339); Zigler, E. e Phillips, L. (1962). Social competence and the process-reactive distinction in psychopathology. *Journal of Abnormal and Social Psychology, 65*, 250-272; Bandeira, M. (1999). Competência social de psicóticos: Parâmetros do treinamento (Parte I). *Jornal Brasileiro de Psiquiatria, 48*(3): 95-99; Bandeira, M. (1999). Competência social de psicóticos: parâmetros do treinamento para programas de reabilitação psicossocial (Parte II). *Jornal Brasileiro de Psiquiatria, 48*(5): 191-195.

11. Observa-se, atualmente, um esforço de busca de diálogo entre as religiões que tentam manter uma convivência menos tensa. No início do ano 2000, o papa Karol Wojtyla realizou visitas ao Oriente, incluindo uma estada em Jerusalém, procurando um melhor entendimento com o Judaísmo.

século parecem constituir um empreendimento atual das ciências, do qual a Psicologia não pode ficar marginalizada, em parte porque se trata de seu legítimo objeto de estudo – o homem em suas interações com outros homens e o ambiente físico – e, em parte, porque os conhecimentos psicológicos disponíveis já permitem cobrar maior investimento e compromisso na (re)construção de relações mais humanizadas. Parafraseando o manifesto interpessoal de Kiesler[12], a Psicologia terá, neste novo século, sem dúvida alguma, uma agenda bastante preenchida pelos temas das relações interpessoais.

O estudo sistemático das interações sociais iniciou-se, na Psicologia, com as pesquisas sobre o desenvolvimento humano e socialização. O interesse pelo comportamento social aumentou, em grande parte, graças à aceitação e divulgação dos estudos de Charles Darwin (*The Origin of Species*, 1859). Tais pesquisas permitiram o reconhecimento de que o homem é uma das espécies mais evoluídas ao longo da sucessão de acontecimentos naturais e que está sempre aprendendo, adaptando-se às condições favoráveis à sua sobrevivência ou procurando alterá-las quando desfavoráveis. Essas noções facilitaram o fortalecimento de várias disciplinas científicas como a Biologia Evolucionária, a Fisiologia, a Antropologia Cultural e a Paleontologia, entre outras. Tais ciências mantiveram-se em estreita contribuição com outras, como é o caso da Paleontologia e a Geologia, da Biologia com a Química etc., sobrepostas em vários aspectos e tendo como eixo central o desenvolvimento humano. O livro de Darwin, *Expressão das emoções no homem e nos animais*[13], traça paralelos entre a linguagem dos gestos, do corpo e das expressões faciais em seres humanos e animais, vindo a exercer influência tam-

---

12. Kiesler, D.J. (1982). Interpersonal theory for personality and psychotherapy. Em: J.C. Anchin e D.J. Kiesler (Eds.), *Handbook of interpersonal psychotherapy*. Elmsford, New York: Pergamon Press.

13. Apesar do grande atraso, o leitor poderá encontrar, traduzido para a nossa língua, o importante trabalho de Darwin a respeito do desenvolvimento das emoções. Darwin, C. (2000). *A expressão das emoções no homem e nos animais*. São Paulo: Companhia das Letras.

bém na Psicologia, em particular nos estudos sobre as emoções e a comunicação não verbal. Kiesler[14] argumenta que o ser humano possui uma propensão intrínseca para a vida social e que tal propensão teve um papel importante na sobrevivência da espécie.

Ao longo da evolução, a sobrevivência esteve e ainda está associada à relação com o outro, a começar pela procriação, seguida pela tarefa de cuidar da prole e prepará-la para a vida, pela divisão de tarefas como elemento de manutenção do indivíduo no grupo etc. As formas básicas de relacionamento seriam, então, competências biologicamente preparadas, módulos complexos de padrões cognitivos, emotivos e comportamentais para responder a necessidades internas ou externas de relacionamento interpessoal[15]. Filogeneticamente, as competências mais primitivas seriam as reações de ataque (agressão, comportamento antissocial, ansiedade) e de defesa (fuga, isolamento, apatia). No entanto, as competências desenvolvidas ao longo de sua evolução e armazenadas em sua herança biológica não são unicamente do tipo destrutivas. Para sobreviver, o homem se voltou para o outro, desenvolvendo capacidades de cuidar dos filhos e dos demais quando estes estavam sob qualquer tipo de ameaça. Cuidar do companheiro se revelou a chave para a própria sobrevivência, fornecendo o nexo com capacidades posteriores[16], como a cooperação, a comunicação aprimorada e o jogo (brincadeira). Muitas dessas capacidades e outras que se seguiram foram reificadas (ou seja, adotadas como expressão da realidade objetiva) em culturas mais elaboradas, atra-

---

14. Kiesler (1982). Obra já citada neste capítulo.
15. Trower, P. (1995). Adult social skills: State of the art and future directions (54-80). Em W. O'Donohue e L. Krasner (Eds.), *Handbook of psychological skills training: Clinical techniques and applications*. New York: Allyn and Bacon.
16. É interessante notar que, após muitos estudos sobre o gene egoísta, a idéia de uma base biológica da solidariedade também começa a se fazer respeitar. No primeiro caso, ver: Wilson, Edward O. (1981). *Da natureza humana*. São Paulo: T.A. Queiroz: EDUSP; Dawkins, R. (1976). *The selfish gene*. Oxford: Oxford University Press. No segundo caso, ver: Ridley, M. (2000). *As origens da virtude: Um estudo biológico da solidariedade*. Rio de Janeiro: Record.

vés de práticas religiosas, do trabalho coletivo e da educação estética.

Conforme defende o pesquisador inglês Peter Trower[17], os indivíduos desenvolvem um esquema interpessoal, que desempenha um papel importante na produção do comportamento social. Trata-se de uma estrutura geral de conhecimento, baseada nas interações prévias, que contém as informações relevantes para a manutenção das relações interpessoais, servindo para guiar a percepção seletiva dos estímulos sociais e a autoapresentação do indivíduo. Assim, ao se deparar com o outro, o indivíduo é capaz de percebê-lo como algo ameaçador ou como fonte de satisfação, reagindo de acordo com essa percepção. O conceito de *apresentação do self*, central na teorização de Trower sobre o esquema interpessoal, refere-se às projeções ligadas ao desempenho social que atuam na formação da autoimagem. Em outras palavras, cada pessoa tem, como objetivo, causar uma impressão satisfatória de si mesma na relação com o outro, razoavelmente semelhante à que ela própria possui. Quando tem dúvida se causou ou não boa impressão, ou constata que isso não ocorreu, ela pode, então, desenvolver a ansiedade social.

A autoapresentação do *self* precisa variar segundo as situações sociais e aquelas pessoas pouco flexíveis são mais propensas a conflitos interpessoais. Quanto mais flexível o indivíduo, maior a probabilidade de manter relações saudáveis. Por outro lado, quanto mais ameaçadora a vida em grupo ou em sociedade, mais o indivíduo poderá recorrer às suas competências primitivas que, segundo Trower, seriam geneticamente determinadas. Ainda que se reconheça o peso de outros fatores (como, por exemplo, a exclusão social), isso explica grande parte da emissão de comportamentos de fuga, ou de enfrentamento do tipo agressivo, que tanto preocupa a todos neste momento em nossa sociedade. Quando maximizado em sua expressão e generalizado em termos coletivos, esse padrão resulta no que tem sido designado como psicopatologia social ou psicopatologia da vida cotidiana, que

---

17. Trower, P. (1995). Obra já citada neste capítulo.

pode levar a um estado de anomia[18] frequentemente combatida através de penalidades severas, gerando algumas vezes mais violência ainda.

Inspirando-nos na teorização de Trower sobre essas competências e reinterpretando-as a partir dos novos paradigmas e à luz de uma significação simbólica dotada pelas antigas filosofias da conduta, propomos uma análise dos elementos que supomos importantes para um relacionamento saudável e apropriado na sociedade atual. Em nosso entendimento, as relações saudáveis entre pessoas e grupos sociais envolvem três elementos fundamentais: interdependência, aceitação e solidariedade. Esses elementos se interpenetram de várias maneiras e se traduzem também em valores. Sua apresentação, aqui, em uma sequência aparentemente lógica, obedece apenas à necessidade de clareza didática.

Interdependência

A interdependência é um conceito antigo na Psicologia, frequentemente associado à necessidade de filiação, instinto gregário, desejabilidade social, atração interpessoal etc. Em alguns estudos[19], a interdependência foi entendida como uma variável importante na gênese grupal, com o mesmo estatuto de atração interpessoal. É cada dia mais aceita a noção de interdependência dos sistemas vivos em geral[20]:

> Nos sistemas biológicos auto-organizantes, as flutuações estão sempre presentes sondando a estabilidade de estados existentes, permitindo que o sistema descubra novos estados.

A interdependência é, também, uma condição natural da vida social e um atributo de valor que deveria orientar, junta-

---

18. O termo anomia está sendo utilizado em seu sentido sociológico de desrespeito às normas, leis ou regras de organização da vida social.
19. Ver: Jesuíno, J.C. (1995). A psicologia social européia. Em: J. Vala e M.B. Monteiro (Orgs.), *Psicologia Social*. Lisboa: Fundação Calouste Gulbenkian.
20. Ver: Kelson, J.A.S. e Haken, H. (1997). Novas leis antecipáveis no organismo: A sinergética do cérebro e do comportamento. Em: M.P. Murphy e L.A.J. O'Neill (Orgs.), *O que é vida? – "50 anos depois"*. São Paulo: UNESP: Cambridge.

mente com outros atributos, as interações entre pessoas e grupos. A aceitação da noção de interdependência está relacionada à premissa, defendida por muitos, de que fazemos parte de uma rede de conexões que coloca cada pessoa, estando ou não próxima, em dependência recíproca das demais. Essa visão macro adquire um papel preponderantemente ativo e criativo que se contrapõe à deterioração das relações sociais e pode funcionar como inibidor desse processo.

O homem é um ser autopoiético, ou seja, produtor de si mesmo e de seu devir. Tal produção não ocorre no vácuo e sim na transação contínua com o meio ambiente, do qual participam outros indivíduos, nas mesmas ou em diferentes condições biológicas[21]. Além disso, o homem foi capaz de produzir uma cultura diferenciada da de outras espécies. Essa noção de autopoiese não pode ser explicitada apenas por um paradigma linear, separando o todo em suas partes e reduzindo o homem a comportamentos e o ambiente a estímulos. É necessária uma visão mais ampla, sistêmica, que considere o homem dotado de capacidade de auto-organização e autorrenovação. Como sistema aberto, ele mantém uma troca contínua com o ambiente, respondendo com alterações orgânicas imediatas e também com alterações somáticas mais profundas, mas ainda reversíveis, além de alterações evolutivas não reversíveis que alteram o tipo de relação que estabelece com o ambiente. O modelo sistêmico amplia a visão do objeto e, embora possa ser decomposto, não perde de vista a sua totalidade. Essa noção sempre esteve presente nas diferentes filosofias orientais, como pode ser identificada em Lao-Tsé[22], que afirmava poeticamente:

> Trinta raios convergem ao cubo da roda.
> É no espaço que há na origem deles
> que está a eficiência da roda.

O homem é, ele próprio, um subsistema integrado em um sistema mais abrangente em contínua transformação. Ao

---

21. Para Kelson e Haken (anteriormente citados), os organismos são sistemas abertos e auto-organizáveis, sujeitos às leis dinâmicas não lineares.
22. Lao-Tsé (1989). *Tao The King.* Rio de Janeiro: Espaço e Tempo.

produzir-se a si mesmo, ele utiliza os recursos disponíveis no meio ambiente. Na explicação de Maturana[23], existem então autonomia e dependência, em outras palavras, interdependência, como afirmamos acima, o que configura o mecanismo por excelência da autopoiese. Descobrindo o outro, descobre-se a si próprio, provendo-se da noção de *self* (eu): eu e tu, um e outro, em conexão permanente.

Aceitação

A aceitação se traduz pela firme disposição de reconhecer o outro tal como ele é, respeitando as diferenças percebidas, assumindo que qualquer objetivo de mudança deve passar pelo crivo de ambas as pessoas em interação. Aceitar não significa despersonalizar-se e assimilar os atributos do outro. Embora possa haver assimilação, e frequentemente ela ocorre, isso não se traduz por amoldamento. A reciprocidade na aceitação consiste na maior garantia de exercício do direito de cada um ser como é, praticar a sua cultura e ter os seus valores, divulgando-os e defendendo-os. A aceitação predispõe a olhar e a ouvir.

A história registra inúmeros exemplos de aceitação entre pessoas de diferentes culturas. Em *Sabedoria incomum,* Fritjof Capra[24] narra uma entrevista que realizou com o conhecido físico Heisenberg, quando este lhe contou sobre seu encontro com o poeta indiano Tagore, considerando-o muito importante em sua vida. Em um seminário, perguntamos a estudantes o que poderiam aprender o físico e o poeta nesse encontro. A resposta foi que ambos poderiam se divertir ou que um aprenderia um pouco de poesia e o outro um pouco de ciência. Ninguém se aventurou a dizer que, se não houvesse aceitação, o encontro seria uma total perda de tempo para os dois. Heisenberg se sentiu instigado em sua própria ciência ao conversar com o poeta, conforme tenta reproduzir Capra[25]:

---

23. Maturana, H. (1998). *Da biologia à psicologia.* Porto Alegre: Artes Médicas.
24. Capra, F. (1988, p. 32). *Sabedoria incomum.* São Paulo: Cultrix.
25. Capra, F. (1988, p. 33). Obra já citada neste capítulo.

> Ele (Heisenberg) começou a ver o reconhecimento da relatividade, da inter-relação de todas as coisas e da não permanência como aspectos fundamentais da realidade física – um reconhecimento que foi tão difícil para ele mesmo e para seus colegas físicos – era a própria base das tradições espirituais indianas.

Continuando, Capra recorda-se das palavras de Heisenberg:

> Depois daquelas conversas com Tagore, algumas ideias que haviam parecido tão loucas passaram de súbito a ter muito mais sentido. Isso foi de grande ajuda para mim.

Esse encontro é ilustrativo da aceitação que conduz a uma atitude de abertura e, com isso, a uma renovação da experiência de viver. Pode-se dizer que a aceitação opõe-se à intolerância, dá origem ao respeito e se constitui um elemento importante da convivência. A possibilidade de convivência não significa conivência que consagra o equívoco com que pode ser encarada a aceitação. A aceitação pode alterar as diferenças perceptivas de uma pessoa em relação à outra. A idealização máxima da identificação de percepções pode ser encontrada nos versos de Fernando Pessoa[26]:

> *Eu tirarei os seus olhos e colocarei no lugar dos meus*
> *e tu tirarás os meus olhos e colocarás no lugar dos teus*
> *e eu te olharei com os teus olhos*
> *e tu me olharás com os meus olhos.*

Solidariedade

Por solidariedade se entende uma disposição permanente de ajuda. Esses termos, "ajuda" e "permanente", precisam ser examinados com maior rigor. Ajuda está sendo utilizado com um significado que vai além do dar algo a alguém, embora algumas vezes isso possa acontecer. Ajudar se exprime na ação efetiva de vencer a distância que pode separar al-

---

26. Pessoa, F. (1974). *Obra poética*. Rio de Janeiro: José Aguilar Editora

guém que necessita daquele que pode prover algum tipo de recurso (de natureza material ou espiritual) necessário à sua condição humana e social. O permanente sugere um estado de atenção voltado para a prática de interações saudáveis, no aqui e agora das demandas sociais.

A disponibilidade (dispor-se a) qualifica, portanto, a relação entre as pessoas, supondo toda ajuda como ação operada em caminho de mão dupla: ajuda mútua. Nesse sentido, não existe a figura do ajudador (caridoso) e do ajudado (necessitado), pois todos estão em uma ou em outra condição e crescem juntos, solidariamente. Seria o mesmo que dizer que *quando ajudo também sou ajudado pela relação que estabeleço*. Indo um pouco além, propomos discutir esse papel de caridoso. Embora presente nos discursos dos filósofos e religiosos e tendo se constituído um preceito educativo invulgar para a melhoria das relações interpessoais, o seu significado é indicativo de que o praticante da caridade parece pleno e o que recebe encontra-se esvaziado. Ora, nem uma coisa nem outra é possível, como expressa poeticamente Kalil Gibran[27], radicalizando o entendimento do significado desse termo:

> Pois na verdade, é a Vida que dá à Vida – enquanto vós, que vos julgais doadores, sois simples testemunhas.

A solidariedade não é, pois, uma doação, mas uma decorrência da junção entre interdependência e aceitação. Nesse sentido, a não solidariedade pode ser entendida como uma espécie de patologia que, felizmente, ao contrário do que se pode pensar, não é generalizada. Em vários grupos e culturas, a disposição para a ajuda mútua é razoavelmente disseminada e tão "natural" que dispensa o discurso moral (*logos*).

3. O desenvolvimento da sociabilidade e as novas relações interpessoais

Os três elementos anteriormente apresentados, próprios dos novos padrões relacionais, embora abrangentes, não es-

---

27. Gibran, K.G. (1972). *O profeta*. Rio de Janeiro: Expansão Editorial.

gotam ou pretendem dar conta de todos os aspectos intrínsecos e extrínsecos ao relacionamento. Ainda que se considere um axioma a afirmação de que o homem é um ser social, as questões sobre a multiplicidade de determinantes (biológicos, ambientais, emocionais e cognitivos) sobre suas ações estão longe de serem consideradas resolvidas.

A racional das explicações linear e sistêmica, apresentadas no capítulo inicial e respaldadas pelas teorizações sobre a pressão evolutiva para o contato social, mostra que qualquer sistema vivo é interdependente, o que permite afirmar que essas noções se ajustam mais coerentemente (acreditamos) ao paradigma holístico.

Homem algum é uma ilha, pessoas não vivem no vácuo social, ninguém basta-se a si mesmo, não são expressões orientadas para incutir o gregarismo. Representam, em sua simplicidade, uma dimensão maior do que desejariam aqueles que as utilizam com objetivos mais restritos ao conceito de grupo e à possível elaboração de princípios e normas para superar o isolamento. Viver tem o significado de preservar e de modificar, paradoxo imposto pela força da bio(vida)logia do ser em transação permanente com as imposições do ambiente, resultantes da convivência. Conviver – viver com – é um processo natural de agregação de todos os seres vivos.

O desenvolvimento das relações entre as pessoas pode ser estabelecido como meta através das mudanças em nossa maneira de entender o mundo. Temos entendido o mundo através do pensamento linear (que em parte está correto), culturalmente herdado e reforçado pela instrução e meios de comunicação de massa, que estão na base de nossa educação formal e informal. Poucos têm reinterpretado essa herança. Embora seja importante realçar a existência desse pequeno grupo em todos os setores da sociedade, a nova visão precisa ser divulgada considerando, principalmente, a sua importância e urgência. Uma nova visão de mundo implica também em novos relacionamentos entre as pessoas, o que vai permitir e exigir uma sociedade renovada, preocupada com a vida em toda a sua extensão e, consequentemente, com o planeta em que habitamos.

Referências

Altman, I. e Rogoff, B. (1987). World view in Psychology: Trait, interactional, organismic an transactional perspectives. Em: D. Stokols e I. Altman (Eds.), *Handbook of enviromental psychology*. New York: Wiley.

Argyle, M. (1967). *The Psychology of interpersonal behavior*. London: Penguin.

Argyle, M. (1967/1994). *Psicologia del comportamiento interpersonal*. Madrid: Alianza Universidad.

Argyle, M. (1980). The development of applyed social psychology. Em G. Gilmour e S. Duck (Orgs.), *The development of Social Psychology*. London: Academic Press.

Argyle, M. (1984). Some new developments in social skills training. *Bulletin of British Psychological Society*, 37, 405-410.

Argyle, M. e Trower, P. (1979). *Person to person: Ways of communicating*. London: Multimedia Publications.

Argyle, M., Bryant, B. e Trower, P. (1974). Social skills training and psychotherapy: A comparative study. *Psychological Medicine*, 4, 435-443.

Argyle, M., Furnham, A. e Graham, J.A. (1981). *Social situations*. Cambridge: Cambridge University Press.

Associação Brasileira de Treinamento e Desenvolvimento (1995). *Manual de Treinamento e Desenvolvimento*. São Paulo: Makron, 2ª edição.

Bandeira, M. (1999). Competência social de psicóticos: parâmetros do treinamento (Parte I). *Jornal Brasileiro de Psiquiatria*, 48(3): 95-99.

Bandeira, M. (1999). Competência social de psicóticos: parâmetros do treinamento para programas de reabilitação psicossocial (Parte II). *Jornal Brasileiro de Psiquiatria*, 48(5): 191-195.

Barcley, D.R. e Houts, A.C. (1995). Parenting skills: A review and development analysis of training content. Em W. O'Donohue e L.

Krasner (Eds.), *Handbook of psychological skills training: Clinical techniques and applications*. Boston: Allyn and Bacon.

Bateson, G. (1985). *Pasos hacia una ecología de la mente*. Buenos Aires: Carlos Loblé.

Bedell, J.R. e Lennox, S.S. (1997). *Handbook for communication and problem-solving skill training*. New York: John Wiley e Sons.

Bertalanfy, L. von (1950). An outline of general system theory. *British Journal of Philosophy of Science*, 1, 134-165.

Bower, S.A. e Bower, G.H. (1977). *Asserting yourself: A practical guide for positive change*. Massachusetts: California: London: Addison-Wesley Pusblishing Company.

Branco, A. e Ferraz da Rocha, R. (1998). A questão da metodologia na investigação do desenvolvimento humano. *Psicologia: Teoria e Pesquisa*, 14(3), 251-258.

Bronfenbrenner, U. (1989). Ecological systems theory. *Annais of Children Development*, 6, 185-246.

Bronfenbrenner, V. (1977). Toward an experimental ecology of human development. *American Psychologist*, 32, 513-531.

Caballo, V.E. (1993). *Manual de evaluación y entrenamiento en habilidades sociales*. Madrid: Siglo Veintiuno.

Caballo, V.E. (1996). O treinamento em habilidades sociais. Em V.E. Caballo (Org.), *Manual de Técnicas de Terapia e Modificação de Comportamento*. São Paulo: Santos.

Capra, F. (1982). *O ponto de mutação*. São Paulo: Cultrix.

Capra, F. (1988, p. 32). *Sabedoria incomum*. São Paulo: Cultrix.

Damásio, A. (1994/1998). *O erro de Descartes: Emoção, razão e o cérebro humano*. São Paulo: Companhia das Letras.

Darwin, C. (1859). *The origin of species*. J. Murray: London.

Darwin, C. (2000). *A expressão das emoções no homem e nos animais*. São Paulo: Companhia das Letras.

Dawkins, R. (1976). *The selfish gene*. Oxford: Oxford University Press.

Del Prette, A. (1978). O treino assertivo na formação do psicólogo. *Arquivos Brasileiros de Psicologia Aplicada*, 30, 53-55.

Del Prette, A. (1982). Treinamento comportamental em grupo junto à população não clínica de baixa renda: Uma análise descritiva de procedimento. Dissertação de Mestrado em Psicologia Clínica. Pontifícia Universidade Católica de Campinas, São Paulo.

Del Prette, A. (1991). Do estudo de grupos ao estudo dos movimentos sociais: A contribuição possível da Psicologia. *Psicologia: Teoria e Pesquisa*, 7, 6, 247-253.

Del Prette, A. (1993). Em busca de uma abordagem psicológica na análise dos novos movimentos sociais. *Ciência e Cultura*, 42(12), 1060-1066.

Del Prette, A. e Del Prette, Z.A.P. (1996). Psicologia, Identidade Social e cidadania: O espaço da educação e dos movimentos sociais. *Educação e Filosofia*, 10(20), 203-223.

Del Prette, A. e Del Prette, Z.A.P. (1999). Teoria das Inteligências Múltiplas e Treinamento de Habilidades Sociais. *Revista DOXA: Estudos de Psicologia e Educação*, 5(1)51-64.

Del Prette, A., Del Prette, Z.A.P. e Barreto, M.C.M. (1999). Habilidades sociales en la formación del psicólogo: Análisis de un programa de intervención. *Psicología Conductual* (Espanha): 7, 27-47.

Del Prette, A., Del Prette, Z.A.P. e Castelo Branco, U.V. (1992). Competência social na formação do psicólogo. *Paideia: Cadernos de Educação*, 2(fev.), 40-50.

Del Prette, A., Del Prette, Z.A.P., Pontes, A.C. e Torres, A.C. (1998). Efeitos de um programa de intervenção sobre aspectos topográficos das habilidades sociais de professores. *Psicologia Escolar e Educacional*, 2(1), 11-22.

Del Prette, A., Del Prette, Z.A.P., Prizantelli, C.C., Vitorazzi, E. e Santos, M.S. (1998). Habilidades sociais no currículo escolar: Representações do professor. *Resumos de Comunicação Científica da XXVIII Reunião Anual da Sociedade Brasileira*, p. 167.

Del Prette, Z.A.P. (1983). *Uma análise descritiva de um programa de treinamento comportamental em grupo junto à população não-clínica de baixa renda*. Dissertação de Mestrado. Universidade Federal da Paraíba.

Del Prette, Z.A.P. e Del Prette, A. (1995). Notas sobre pensamento e linguagem em Skinner e Vygotsky. *Psicologia: Reflexão e Crítica*, 8, 147-164.

Del Prette, Z.A.P. e Del Prette, A. (1996). Habilidades envolvidas na atuação do psicólogo escolar/educacional. Em S.M. Wechsler (Org.), *Psicologia Escolar: Pesquisa, Formação e Prática*. Campinas: Alínea, 139-156.

Del Prette, Z.A.P. e Del Prette, A. (1997). Um programa de desenvolvimento de habilidades sociais na formação continuada de professores. Em *Associação Nacional de Pesquisa em Educação (Org.), CD-Rom dos trabalhos selecionados para apresentação* (29 p.): 20ª Reunião Anual da ANPED: Caxambu (MG).

Del Prette, Z.A.P. e Del Prette, A. (1998). Desenvolvimento interpessoal e educação escolar: A perspectiva das Habilidades Sociais. *Temas em Psicologia*, 6(3), 205-216.

Del Prette, Z.A.P. e Del Prette, A. (1999). *Psicologia das Habilidades Sociais: Terapia e educação*. Petrópolis: Vozes.

Del Prette, Z.A.P. e Del Prette, A. (1999). *Psicologia das Habilidades Sociais: Terapia e Educação*. Petrópolis: Vozes.

Del Prette, Z.A.P. e Del Prette, A. (2000). Treinamento em habilidades sociais: Panorama geral da área. Em V.G. Haase, R. Rothe-Neves, C. Käppler, M.L.M. Teodoro e G.M.O. Wood (Eds.), *Psicologia do Desenvolvimento: Contribuições interdisciplinares* (p. 249-264). Belo Horizonte: Health.

Del Prette, Z.A.P., Del Prette, A., Barham, L.J. e Reis, M.J.D. (1999). Desempenho interpessoal do profissional de psicologia: Um estudo exploratório. Trabalho apresentado no Simpósio Habilidades Sociais e Formação Profissional do psicólogo. *Anais VI Latini Dies e II Congresso Brasileiro de Psicoterapias Cognitivas* (p. 23).

Del Prette, Z.A.P., Del Prette, A., Garcia, F.A., Silva, A.B.T. e Puntel, L. (1998). Habilidades sociais do professor: Um estudo de caso. *Psicologia: Reflexão e Crítica*, 11(3), 611-623.

Di Biasi, F. (1995). *O homem holístico*. Petrópolis: Vozes.

Duck, S. (1980). Taking the past to heart: One of the futures of Social Psychology? Em: R. Gilmour e S. Duck (Eds.), *The development of Social Psychology*. London: Academic Press.

Ellis, A. (1993). Changing Rational-Emotive Therapy (RET) to Rational Emotive Behavior Therapy (REBT). *Behavioral Therapist*, 16(10), 257-258.

Fad, K.S. (1989). The fast track to success: social behavioral skills. *Intervention in School and Clinic*, 3(1), 39-42.

Falcone, E.O. (1998). Avaliação de um programa de treinamento de empatia com universitários. Tese de Doutoramento. Instituto de Psicologia da Universidade de São Paulo, São Paulo (SP).

Forrester, V. (1981) *O horror econômico*. São Paulo: Editora da Universidade Estadual Paulista.

Garcia, F.A. (2001). Investigando indicadores de empatia em meninos e sua relação com a empatia e ações educativas dos pais. Dissertação de Mestrado. Universidade de São Paulo, Ribeirão Preto (SP).

Gardner, H. (1995). *Inteligências Múltiplas*. Porto Alegre: Artes Médicas.

Gergen, R.J. (1973). Social Psychology as history. *Journal of Personality and Social Psychology*, 26, 309-330.

Gibran, K.G. (1972). *O profeta*. Rio de Janeiro: Expansão Editorial.

Glasgow, K., Dornbusch, S., Troyer, L., Steinberg, L. e Ritter, P. (1997). Parenting styles, adolescents'attributions and educational outcomes in nine heterogeneous high schools. *Child Development*, 68, 507-509.

God, S.R., Letourneau, E.J. e O'Donohue, W. (1995). Sexual interaction skills. Em: O'Donohue e L. Krasner (Eds.), *Handbook of psychological skills training: Clinical techniques and applications*. New York: Allyn and Bacon (229-246).

Goldstein, A.P., Sprafkin, R.P., Gershaw, N.J. e Klein, P. (1980). *Skillstreaming the adolescent: A structured approach to teaching prosocial skills*. Illinois: Research Press Company.

Goleman, D. (1995). *Inteligência emocional*. Rio de Janeiro: Objetiva.

Goldstein, A.P. e Michaels, G. (1985). *Empathy: Development, training and consequences*. New Jersey: Lawrence Erlbaum Associates.

Gottman, J. e Rushe, R. (1995). Communication and social skills approaches to treating ailing marriages: A recommendation for a new marital therapy called "Minimal Marital Therapy" (p. 287-305). Em W. O'Donohue e L. Krasner (Eds.), *Handbook of psychological skills training: Clinical techniques abd applications*. Boston: Allyn and Bacon.

Grof, C. e Grof, S. (1990). *A tempestuosa busca do ser*. São Paulo: Cultrix.

Grof, S. (1984). *Psychologie transpersonnelle*. Mônaco: Rocher.

Guattari, F. (1989). *As três ecologias*. Campinas: Papirus.

Haggerty, R.J., Sherrod, L.R., Garmezy, N. e Rutter, M. (Orgs.), (1996). Stress, risk and resilience in children and adolescents: Processes, mechanisms and interventions. Cambridge: Cambridge University Press.

Hargie, O., Saunders, C. e Dickson, D. (1981/1994). *Social skills in interpersonal communication*. London: New York: Routledge (3ª ed.).

Harré, R. (1980) Making Social Psychology scientific. Em G. Gilmour e S. Duck (Eds.), *The development of Social Psychology*. London: Academic Press.

Hinde, R.A. (1981, p. 14). The bases of a science of interpersonal relationships. Em S. Duck e R. Gilmour (Eds.), *Personal Relationships 1: Studying personal relationships*. New York: Academic Press.

Jesuíno, J.C. (1995). A Psicologia Social européia. Em: J. Vala e M.B. Monteiro (Orgs.), *Psicologia Social*. Lisboa: Fundação Caloustre Gulbenkian.

Johnson, D.W. e Johnson, R.T. (1996). Conflict resolution and peer mediation programs in elementary secondary schools: An overview of the research. *Review of Educational Research*, 66(4), 459-506.

Kelson, J.A.S. e Haken, H. (1997). Novas leis antecipáveis no organismo: A sinergética do cérebro e do comportamento. Em: M.P. Murphy e L.A.J. O'Neill (Orgs.), *O que é vida? – "50 anos depois"*. São Paulo: UNESP: Cambridge.

Kiesler, D.J. (1982). Interpersonal theory for personality and psychotherapy. Em: J.C. Anchin e D.J. Kiesler (Eds.), *Handbook of interpersonal psychotherapy*. Elmsford, New York: Pergamon Press.

Kuhn, T.S. (1978). *A estrutura das revoluções científicas.* São Paulo: Perspectiva.

Laing, R. (1987). *O eu dividido.* Petrópolis: Vozes.

Lange, J.L. e Jakubowski, P. (1976). *Responsible assertive behavior.* Illinois: Research Press Co.

Lao-Tsé (1989). *Tao The King.* Rio de Janeiro: Espaço e Tempo.

Lazarus, A. (1977). *Psicoterapia personalista: uma visão além do condicionamento.* Belo Horizonte: Interlivros.

López, F. (1995). Desenvolvimento social e da personalidade. Em: C. Coll, J. Palácios e A. Marchesi (Orgs.), *Desenvolvimento psicológico e educação: Psicologia evolutiva* (p. 81-93). Porto Alegre: Artes Médicas (Volume 1).

Mariotti, H. (2000). *As paixões do ego: Complexidade, política e solidariedade.* São Paulo: Palas Athena.

Mariotti, H. (2000). *As paixões do ego: Complexidade, política e solidariedade.* São Paulo: Palas Athena (p. 86).

Marques, A.L. (1999). *Competência social, empatia e representação mental da relação de apego em famílias em situação de risco.* Dissertação de Mestrado. Curso de Pós-Graduação em Psicologia do Desenvolvimento. Universidade Federal do Rio Grande do Sul.

Maslow, A. (1962). *Toward a psychology of being.* Princeton, Nova Jersey: Van Nostrand.

Masterman, M. (1979). A natureza de um paradigma. Em: L. Lakatos e A. Musgrave (Orgs.), *A crítica e o desenvolvimento do conhecimento.* São Paulo: Cultrix-Edusp.

Maturana, H. (1998). *Da biologia à psicologia.* Porto Alegre: Artes Médicas.

McGinnis, E., Goldstein, A.P., Sprafkin, R.P. e Gershaw, N.J. (1984). *Skillstreaming the elementary school child: A guide for teaching prosocial skills.* Champaign: Illinois: Research Press.

Novak, G. (1996). *Developmental psychology: Dynamical systems and behavior analysis.* Reno: Nevada: Context Press.

O'Donohue, W. e Krasner, L. (1995). Psychological skills training. Em W. O'Donohue e L. Krasner (Eds.), *Handbook of psychological skills training: Clinical techniques and applications* (p. 1-19). New York: Allyn and Bacon.

Palácios, J. (1995). Introdução à psicologia evolutiva: História, conceitos básicos e metodologia. Em: C. Coll, J. Palácios e A. Marchesi (Orgs.), *Desenvolvimento psicológico e educação: Psicologia evolutiva* (p. 9-26). Porto Alegre: Artes Médicas (Volume 1).

Pacheco, J.T.B., Teixeira, M.A.P. e Gomes, W.B. (1999). Estilos parentais e desenvolvimento de habilidades sociais na adolescência. *Psicologia: Teoria e Pesquisa,* 15(2), 117-126.

PCI Educational Publishing (s.d.). *Social skills game: Learning to get along with people.* Game board and supllies.

Pessoa, F. (1974). *Obra poética.* Rio de Janeiro: José Aguilar Editora.

Richars, K. e Fallon, M. *Cause and Effect Card Games.* Two Decks of Game Cards and Other Game Supplies. Published by Psychological Corp.

Ridley, M. (2000). *As origens da virtude: um estudo biológico da solidariedade.* Rio de Janeiro: Record.

Rogers, C.R., Rosenberg, R.L. (1977). *A pessoa como centro.* São Paulo: EPU/EDUSP.

Sacks, A. (1999). *O homem que confundiu sua mulher com um chapéu.* São Paulo: Companhia das Letras.

Santos, B.S. (1999). Reinventar a democracia: entre o pré-contratualismo e o pós-contratualismo (31-75). Em: A. Heller e S.B. Santos (Orgs.), *A crise dos paradigmas em Ciências Sociais e os desafios para o século XXI.* Rio de Janeiro: Contraponto-Corecon.

Silva, A.T.B. (2000). Problemas de comportamento e comportamentos socialmente adequados: Sua relação com as habilidades sociais educativas dos pais. Dissertação de Mestrado. Programa de Pós-Graduação em Educação Especial. Universidade Federal de São Carlos, São Carlos, SP.

Smith, J.M. e Szathmary, E. (1997). Linguagem e vida. Em: M.P. Murphy e Z.A.J. O'Neil (Orgs.), *"O que é vida?" – 50 anos depois: Especulações sobre o futuro da Biologia,* p. 83-94. São Paulo: UNESP/Cambridge.

Snyder, M. (1987*). Public appearence private realities: The psychology of self-monitoring.* New York: Friman.

Soczka, L. (1995). Para uma perspectiva ecológica em Psicologia Social. Em: J. Vala e M.B. Monteiro (Orgs.), *Psicologia Social*. Lisboa: Fundação Caloustre Gulbenkian.

Tajfel, H. (1982). *Grupos humanos e categorias sociais*. Lisboa: Livros Horizonte (vol. II).

Trower, P. (1980). Situational analysis of components and processes of behavior of social skilled and unskilled patients. *Journal of Consulting and Clinical Psychology*, 48, 327-339.

Trower, P. (1995). Adult social skills: State of the art and future directions. Em: W. O'Donohue e L. Krasner (Eds.), *Handbook of psychological skills training: Clinical techniques and applications* (p. 54-80). New York: Allyn and Bacon.

Vários autores (1985). *10 coisas sobre os direitos dos trabalhadores*. Petrópolis: Vozes.

Vários autores (1999). *Oficinas Pedagógicas de Direitos Humanos*. Petrópolis: Vozes.

Wallace, C.J. e Liberman, R.P. (1985). Social skills training for patients with schizophrenia: A controled clinical trial. *Psychiatry Research*, 15, 239-247.

Walsh, R. e Vaughan, F. (Orgs.), *Além do ego: Dimensões transpessoais* em Psicologia. São Paulo: Cultrix/Pensamento.

Wilber, K. (1989). *O espectro da consciência*. São Paulo: Cultrix.

Wilson, Edward O. (1981). *Da natureza humana*. São Paulo: T.A. Queiroz: EDUSP.

Wolpe, J.S. (1976). *A prática da terapia comportamental*. São Paulo: Brasiliense.

Zigler, E. e Phillips, L. (1962). Social competence and the process-reactive distinction in psychopathology. *Journal of Abnormal and Social Psychology*, 65, 250-272.

Conecte-se conosco:

f facebook.com/editoravozes

◉ @editoravozes

🐦 @editora_vozes

▶ youtube.com/editoravozes

🟢 +55 24 2233-9033

www.vozes.com.br

Conheça nossas lojas:

www.livrariavozes.com.br

Belo Horizonte – Brasília – Campinas – Cuiabá – Curitiba
Fortaleza – Juiz de Fora – Petrópolis – Recife – São Paulo

EDITORA VOZES LTDA.
Rua Frei Luís, 100 – Centro – Cep 25689-900 – Petrópolis, RJ
Tel.: (24) 2233-9000 – E-mail: vendas@vozes.com.br